ANALECTA ROMANICA

HERAUSGEGEBEN VON FRITZ SCHALK

unter Mitwirkung von Horst Baader (Berlin), Yvon Belaval (Paris), Herbert Dieckmann (Ithaca), Hugo Friedrich (Freiburg), Wido Hempel (Hamburg) und Erich Loos (Berlin)

Heft 23

VITTORIO KLOSTERMANN · FRANKFURT AM MAIN

SPIRE PITOU

THE TEXT AND SOURCES
OF CHATEAUBRUN'S LOST *"AJAX"*

VITTORIO KLOSTERMANN · FRANKFURT AM MAIN

CONTENTS

CONTENTS

INTRODUCTION

Chateaubrun's printed plays are well enough known, but no effort has been made to recover and to examine his unpublished *Ajax* [1] since, one may presume, historians of the French theatre before 1789 have been happy to accept Collé's story that the MS of this tragedy was sacrificed in the interests of culinary elegance when it was used to provide "des papillotes à des côtelettes" [2].

It is unfortunate that Collé's anecdote is amusing enough to merit repetition since it has perpetuated the impression that Chateaubrun's *Ajax* is no longer extant. This play is one of his earlier compositions, and so affords a signal indication of the directions which his genius was to follow later when, after forty years of silence, he was to make the contributions to the repertory of the Comédie Française for which he is remembered. Too, while his *Ajax* was never staged, it is well composed and would perhaps have scored better at the box office than Poinsinet de Sivry's illstarred tragedy by the same name since it offers far better theatrical fare: it centers the focus of attention upon the protagonist at all times, and it maintains the tone of tragedy. It would seem just, then, to inquire into Chateaubrun's treatment of the *Ajax* story at least to the degree of discussing his debt to other French tragedies and his use of the sources of information about this legend.

It is to be observed initially that Chateaubrun bases his play upon the contest between Ajax and Ulysses for the arms of Achilles. His first two acts announce and complicate the circumstances preceding the argument between the two Greek heroes; his third act presents the debate in which each of them attempts to prove that he is the

---

[1] Cf. Clarence D. Brenner, *A bibliographical list of plays in the French language, 1700—1789* (Berkeley, 1947), number 4782.

[2] Cf. Henry Carrington Lancaster, *French Tragedy in the time of Louis XV and Voltaire, 1715—1774* (Baltimore, 1950), p. 392, note 37.

rightful successor to Achilles; his last two acts dramatize the phases and outcome of Ajax' madness after Ajax has learned that Ulysses has been preferred. *Ajax*, then, is endowed with Racinian simplicity as far as the core of its action is concerned: the protagonist loses his sanity in the face of a decision that he cannot tolerate. Thus, Chateaubrun's tragedy recalls *Britannicus* since it is hinged to a single but decisive psychological fact. Yet this similarity would not serve as an irrefutable argument that *Britannicus* was the model for *Ajax*. It would indicate only that Chateaubrun, like many of his contemporaries, was influenced by the success that Racine's plays continued to enjoy. Ajax has no Agrippina against whom to struggle, and he is at the end of his military career rather than at the beginning of an emperorship.

The management of the love element in Chateaubrun's *Ajax*, however, is strikingly similar to the manner in which Corneille employs this emotion in order to relieve and yet complicate the heroic aspects of his earlier plays. For Chateaubrun furnishes Ulysses with a daughter, his only major female character, and he depicts Ajax in love with her. Thus, as Rodrigue finds himself in love with the daughter of the warrior whom he must meet upon the field of honor in the *Cid*, so Ajax must rise to the defense of his "gloire" by confronting, in physical combat as well as in an oral dispute, the father of the woman he loves. Ulysses' daughter, Phénice, is thereby thrust into a position congruous with that of Chimène: both women are faced with the fact that the men whom they would wed are jeopardizing their impending marriages by insisting upon thwarting their fathers' aspirations to become champions of a national cause. Ajax' courting Phénice and contending simultaneously with her father, coupled with Phénice's corresponding involvement, would seem to constitute a clear enough indication that Chateaubrun had Corneille's *Cid* in mind when composing his *Ajax*, especially when it is recalled that Sophocles had portrayed Ajax as already wed to Tecmessa. If Chateaubrun had wished to provide his central character with a dilemma more in harmony with the Greek tradition, it seems reasonable to assume that he would have begun by designating his heroine with a vocable suggesting an intent to adhere at least nominally to the Greek *dramatis personae*. Too, as in the *Cid*, *Ajax* opens with an expositional conversation between Phénice (cf. Chimène) and Doris (cf. Elvire) wherein the former expresses her joy at knowing that her suitor has won parental approbation by virtue of his rank and valor. The impression that Chateaubrun is adopting the tried and proven pattern of the *Cid* for the structure of his own play is further enhanced by his developing the role of the prudent king for Agamemnon, who, like Don Fernand, is expected to resolve the conflict in wisdom and in justice.

The idea of making a debate before a king the focus of a drama might have been suggested by *Cinna* as well as by the *Cid* although, it will be remembered, it is the king, and not his subjects, who is to be affected by the decision in the former play. Too, Ovid's *Metamorphoses*, XIII, 1—398 reports this feature of the Achilles-Ajax-Ulysses saga. Perhaps it is nearer the truth that Corneille's unhesitating use of courtly debate upon the stage led Chateaubrun to feel authorized to do likewise after he had found a record of the epic argument between Ajax and Ulysses in the *Metamorphoses*. In any event, however, Chateaubrun must have taken comfort in knowing that there was mythic as well as dramatic validation for his choosing the madness of Ajax as a pivot for tragedy.

Still, if Chateaubrun seems to have been influenced by Corneille in the selection of the mechanical means whereby to impart motion to his play, it is a certainty that he drew freely from *Metamorphoses*, XII an XIII for his information about the Ajax story. The suspicion that Chateaubrun used the Roman poet's version of the Ajax-Ulysses contention is fostered at first by the fact that Ovid refers to Achilles' slayer as "Graiae raptore maritae" (XII, 609) while the French playwright also alludes to him not by name but by the phrase, " . . . le ravisseur d'Hélène" (I, 1). But this slight approximation in phraseology is not the only factor suggesting that the *Metamorphoses* is the main source of documentation for the eighteenth-century play since one finds many other instances wherein the texts of the two works are parallel. Both writers depict Ulysses as the sole disputant of Ajax' claim to the leadership of the Greek forces (*Met.*, XIII, 6; *Ajax*, I, 6) with III, 3 of Ajax repeating the format and much of the substance of *Metamorphoses*, XIII, 1—398, wherein Ulysses and Ajax argue the issue of who has proven himself the worthier claimant for Achilles' arms. In the Latin and French versions of the dispute, it is Ajax who pleads his case first, in each instance speaking "ante rates" (XIII, 6) or "devant ces vaisseaux" (III, 3). Ovidian Ajax recalls to the assembled chiefs that he did not retreat from the task of defending the Greek fleet when Hector attempted to put these waiting ships to the torch (XIII, 7—8):

> At non Hectoreis dubitavit cedere flammis,
> Quas ego sustinui, quas hac a classe fugavi.

Chateaubrun's Ajax also contrasts Ulysses' retreat with his own steadfastness in the face of Hector's incendiary attack (III, 3):

> Hector les attaquoit, fier d'un nouveau presage;
> Tel qu'un embrasement qui porte le ravage,
> La peur, le feu, la nuit s'avançoient sur ses pas.
> Il sembloit que les dieux fussent tous ses soldats!
> Mon courage pourtant arrêta son audace.
>
> Pour sauver vos vaisseaux, que fit alors Ulisse?

The French and Roman poets report Ajax' allegation that Ulysses is a coward, and each cites Ulysses' refusal to come to the aid of the aged Nestor although he, Ulysses, did not hesitate to call for help when he was pressed (*Met.*, XIII, 62—9; *Ajax*, III, 3). Each version relates Ajax' assertion that Ulysses is alive only by the grace of the former's willingness to rescue him behind the shelter of his shield. Ovid records Ajax' description of the manner in which he protected the frightened Ulysses on the field of battle in the following words (*Met.*, XIII, 73—81):

> Conclamat socios: Adsum videoque trementem
> Pallentemque metu et trepidantem morte futura;
> Opposui molem clipei texique iacentem
> Servavique animam (minimum est hoc laudis) inertem.
> Si perstas certare, locum redeamus in illum:
> Redde hostem vulnusque tuum solitum timorem
> Post clipeumque late et mecum contende sub illo
> At postquam eripui, cui standi vulnera vires
> Non dederant, nullo tardatus vulnere fugit.

In like fashion, Chateaubrun's Ajax conjures up a picture of a cowering Ulysses calling for assistance. Too, Ajax' account in Ovid of his generous response to Ulysses' plea for succor, his defiant suggestion that his rival in this debate return to the scene of his abject performance, and his humiliating suggestion that they settle their dispute in the shadow of his once welcomed shield are all woven into Chateaubrun's text in the same sequence and with comparable words (*loc. cit.*):

> Cet homme si prudent à conserver ses jours,
> Suppliant à son tour, eut besoin de secours.
> Il m'appelle, j'y vais, je perce la meslée,
> Je me rends aux clameurs de cette voix troublée.
> Je le trouvay tremblant, abattu de frayeur.
> Mon bouclier fit fuir la mort et la terreur:
> Dans cet azile seur, Mars n'osa le poursuivre;
> Il me dust son salut, et la honte de vivre!
> Retournons dans l'endroit où je vis ton effroy,
> Où j'eloignay la mort près de fondre sur toy!
> Reprends tes cris, ta peur, ta fuite, tes alarmes,
> Viens sous mon bouclier me disputer des armes!

When Chateaubrun's Ajax points to his lofty lineage in order to substantiate his claim to being the ineluctable successor to Achilles, he follows the example of his prototype again. Ovid writes (*Met.*, XIII, 21—2):

> Atque ego, si virtus in me dubitabilis esset,
> Nobilitate potens essem . . .

Chateaubrun's protagonist reproduces this argument even to the point of echoing the grammatical structure found in Ovid:

> Je ne demande rien qu'à titre d'heritage
> Quand je n'aurois pour moy le rang ny le courage.

He goes on to reproach Ulysses with being "un enfant de Sisiphe et plus rusé que luy" just as Ovid's Ajax had asked (*Met.*, XIII, 31—3),

> Quid sanguine cretus
> Sisyphio furtisque et fraude simillimus illi
> Inseris Aeacidis alienae nomina gentis?

There are references in both compositions to "les chevaux de Rhesus, le meurtre de Dolon" as examples of the type of exploit that Ulysses might cite in order to compare his deeds with those performed by the speaker: "Conferat his Ithacus Rhesum imbellemque Dolona" (*Met.*, XII, 98). Nor are Ulysses' feigned madness and his subsequent treachery towards Palamedes forgotten (*Met.*, XIII, 56—61; *Ajax, loc. cit.*). Lastly, Ajax ends his challenge in both texts with the observation that words are superfluous in this conflict: "Quid verbis opus est?" is the Latin interrogation (*Met.*, XIII 120), and "Pourquoy tous ces discours frivoles?" provides the parallel construction and sentiment in French.

Ulysses' counter-assertion that he is the rightful heir of Achilles is the topic treated next by both the Roman and French writers, and the instances of tangency here are as numerous as they are in the speeches by Ajax. The attitudes of Ulysses are the same in both compositions, and his more restrained rebuttals, coming as they do after the "transports" of Ajax, provide the same effect in both languages, therefore, since they are proffered in less anguished fashion. Ulysses launches into his discourse by asking (*Met.*, XIII, 133—4):

> . . . quis magno melius succedit Achilli,
> Quam per quem magnus Danais successit Achilles?

Chateaubrun's Ulysses also reminds his listeners that it was he who enlisted Achilles on the side of the Greeks:

> Vous devez à mes soins tous les exploits d'Achille;
> On vous rendoit sans moy son courage inutile.

Metamorphoses, XIII, 162—71 and *Ajax* elaborate Ulysses' claim that it was he who saw through the ruse of Achilles' mother, who sought to save her son from death in battle by dressing him in girl's garb. Thus, according to Ovid (*Met.*, XIII, 171—80), Ulysses asserts that he is responsible for Achilles' exploits and may therefore consider himself a party to the glory of Thetis' son:

Ergo opera illius mea sunt: ego Telephon hasta
Pugnantem domui victum orantemque refeci;
Quod Thebae cecidere, meum est; me credite Lesbon,
Me Tenedon Chrysenque et Cillan, Appollinis urbes,
Et Scyrum cepisse, mea concussa putate
Procubuisse solo Lyrnesia moenia dextra,
Utque alios taceam, qui saevum perdere posset
Hectora, nempe dedi: per me iacet inclitus Hector!
Illis haec armis, quibus est inventus Achilles,
Arma peto: vivo dederam, post fata reposco.

It seems certain beyond a doubt that Chateaubrun, writing in French
Alexandrian verse, must have been consulting Ovid's epic meter for
the composition of Ulysses' speech since, if one compares the two
passages just cited, immediately *supra,* one will find that "Vous devez
à mes soins tous les exploits d'Achille" is too close to "Ergo opera
illius mea sunt" to be the result of mere chance. And Chateaubrun
must have kept his eyes upon the rest of these verses by Ovid since
he also includes allusions to Achilles' victories at Chyrse, Cilla,
Lesbos, Lyrnesus, Telephus, and Tenedos in addition to his reference
to Hector:

Je vous donnay la main qui frapa Tenedos,
Et j'allumay le feu qui dévora Lesbos.
C'est par moy que Scilla, que Chrise, que Lirnesse
Ont ouvert leurs remparts aux assauts de la Grèce,
Que Telephe tomba. Que vous diray-je encor?
Vous me devez le bras par qui périt Hector.

And, if one wished to belabor the point, it would be possible to
point to the existence, in both the Latin and French versions of
Ulysses' speech, of references to Penelope's detaining Ulysses when he
should have been at war, to Ulysses' part in the rapt of the Palladium from Troy, to the assistance that Diomedes lent to Ulysses on
this and other occasions, to Helenus' part in the incident involving
the Palladium, and to Ulysses' recovery of Achilles' body from the
Trojans.

The sum of all these details, contained as they are in Ulysses'
argument that he be preferred to Ajax, leave little doubt that

Chateaubrun scrutinized Ovid while constructing his key scene in the third act. This conclusion is made the more acceptable by the fact that Ulysses is supposed to be addressing himself to Agamemnon whereas he directs his plea to the assembly of Greek leaders who, he appears to take for granted, are in convention before him and ready to render final judgment. In his summation, he exhorts suddenly, "Souffrez, princes, souffrez..." in spite of there being no stage direction or in-text hint that the debate between Ajax and him is taking place before a princely body.

The extent to which Chateaubrun might have been or really was in debt to Racine, Corneille, and Ovid for his treatment of the Ajax mythos, however, is a relatively simple matter to consider since it may be pre-supposed that he was familiar with these three authors by reason of his interest in letters. But thorny questions arise when one entertains the notion of comparing his *Ajax* with the only other French play that the son of Telamon inspired before 1754, the year when the MS of Chateaubrun's *Ajax* is reported to have been complete. For la Chapelle's *Ajax* is lost. First acted at the Comédie Française on 7 December, 1684, La Chapelle's play is known to have contained characters named Phénice and Arcas [3]. Could Chateaubrun have known the MS of this lost but well attended play? He has an Arcas and a Phénice, the former being assigned the role of Agamemnon's confidant and the latter being cast in the part already described. Arcas is named thrice in the *Metamorphoses* (II, 468, 497, 506), but, since no connection is made here between him and Agamemnon, one may also wonder why he finds a place in both plays. And, one may ponder further, is the role of Agamemnon's confidant assigned to Arcas in La Chapelle's work? If so, could it be a fruit of coincidence? Or did this son of Juppiter come to be chosen by both dramatists independently of each other, and without a common source, as a result of their desire to be "vraisemblable" in the choice of a figure high enough in the hierarchy of Greek mythology to be eligible to tender counsel to Agamemnon? And why does a Phénice appear in both plays? Too, is Phénice in La Chapelle's composition the sweetheart or the wife of Ajax? If she is cast in either of these

---

[3] *Idem, A History of French dramatic Literature in the seventeenth Century* (Baltimore, 1929—42), IV, p. 211.

two parts by La Chapelle, why did not one or, for that matter, why did not both of these dramatists remain in the Sophoclean tradition at least to the point of preferring Tecmessa as the model of a vocable by which to designate Ajax' beloved? Phoenix is a companion of Achilles on the boar-hunt described in the eighth book of the *Metamorphoses* (v. 307), and his name could conceivably be transformed into "Phénice" for the sake of obtaining a name that could be woven with ease into the pattern of French Alexandrian verse, if one were to overlook the niceties of philology and sex. But such a possibility would appear remote. Informed answers to these questions, of course, will not be forthcoming until La Chapelle's *Ajax* is recovered.

When one entertains the possibility that Poinsinet de Sivry might have heard about or even had access to the MS of Chateaubrun's *Ajax*, that he might then have found it convenient to adapt or to adopt certain features of the earlier tragedy in order to lighten his own labors, one is struck by the fact that the debate between Ajax and Ulysses takes place near the middle of each work. The suspicion of a possible relationship between the two tragedies is fostered by two other facts: Chateaubrun's *Ajax* was never presented to the public, and Poinsinet might thereby have felt free to avail himself of the earlier dramatist's effort, if he had access to the MS; the possibilities of the Ajax story had not yet been exploited on the stage in spite of other dramatists' successful adaptations of Sophoclean tragedy during this time. In each work, the playwright appears to have elaborated his composition from the middle of his play, which he bases upon Ovid, and then to have written his way retrogressively to his exposition and forwards to his crisis. But the rest of the action in Poinsinet's version is quite different since he gives the dominant role to Penthesilea, whom he nevertheless depicts as in love with Ajax [4]. If Poinsinet had used Chateaubrun's *Ajax*, it would seem that he obtained from his predecessor no more than the idea of using Ovid and, perhaps, casting Ajax as an eligible bachelor. Too, if he had copied any specific feature of Chateaubrun's composition, it would be perhaps apparent in his purloining, here and there, a rime which the

---

[4] *Idem, French Tragedy in the time of Louis XV and Voltaire, 1715—1774* (Baltimore, 1950), p. 403.

latter had contrived in his efforts to translate Ovid. But a detailed comparison of Poinsinet's and Chateaubrun's management of the Ovidian version of the Ajax-Ulysses debate would seem a minute and precarious venture since even apparently positive results would have to be tempered by the knowledge that they were consulting a common source.

But whatever the debt of Chateaubrun to La Chapelle or of Poinsinet de Sivry to Chateaubrun, it must be said that Chateaubrun's *Ajax* has intrinsic worth as tragedy in spite of its first two acts appearing to owe so much to Corneille and the subject matter of its third act having been culled so freely from the *Metamorphoses*. Phénice's immediate insistance that Ajax crush any rival for the arms of Achilles (I, 2),coupled with Ulysses' early disclosure that he is determined to oppose Ajax (I, 6), underlines the importance of the heroine without allowing her to dictate the course of events. The first act, therefore, possesses a vitality of its own by reason of a forceful use of dramatic irony. And the second act is well knit to the first act through the continuance of the irony. For Phénice announces that she has consulted the seer, Calchas (II, 1):

> Juge si sa réponse a banny ma tristesse:
> «Tu verras triompher l'objet de ta tendresse»,
> M'a-t-il dit. (Son rival confus, désespéré,
> Abandonné des Grecs, de soy-même abhorré,
> Même à ses ennemis arrachera des larmes.)
> C'en est assez, Doris, pour calmer mes alarmes.

The irony is sharpened when Phénice reveals Calchas' pronouncement to her father (II, 2) and to Ajax (II, 3) before Thestor (the father of Calchas in Greek mythology and the confidant of Ulysses in Chateaubrun) comes upon the stage to reveal to Phénice and Ajax that the disputant of Ajax' claim to Achilles' arms is Ulysses (II, 4). Thus, the second act achieves its own interior suspense by means of placing Phénice in the position of believing that her lover is destined to vanquish her father at the same time her lover insists upon opposing her father in the impending struggle. The irony is compounded when Ulysses reminds Phénice (II, 2),

> Un oracle, ma fille, est toujours infaillible,
> Mais son vray sens toujours n'est pas intelligible[5].

The interplay of the characters' conflicting wills and emotion result in the second act terminating in a tense scene that recalls *Horace*. Ulysses suggests to Ajax that he cease his dalliance and make his way to the field of combat just as old Horace had reproached his offspring for not rushing to do battle with the appointed foe (*Horace*, II, 6). Ajax answers the disdainful prodding in the same tone that Horace had employed. And Phénice suddenly sees the horror of the situation just as Sabine had done (II, 7). Thus, while the configuration of the first act of *Ajax* resembles the *Cid*, the second act recalls *Horace* by reason of the involvement it creates. Too, Phénice denounces both Ajax and her father in a burst of fury: she hurls at them the epithet, "Cruels!" just as Sabine had burst forth with "Tigres!" in *Horace*, II, 7.

The impression that Chateaubrun was building upon and attempting to refine Corneille's dramatic technique at the same time that he was using Ovid is strengthened by the fact that, after he has prepared his own terms for the struggle between Ajax and Ulysses, he includes a physical as well as oral phase of the contest between them. For his third act is divided neatly into his invented duel and the mythic debate in which they contest each other's claims. It is not necessary to comment again upon the verbal aspect of their rivalry, of course. But a word might be said of the armed clash between them. It takes place offstage between the second and third acts and is, therefore, handled in the best tradition of the seventeenth-century theatre. Thestor delivers an epic-lyric report, in fifty verses, of the fearsome encounter wherein

> Jamais tant de sang froid, de colère et de rage
> N'ont balancé la gloire et servy le courage.

The real effectiveness of Chateaubrun's *Ajax*, however, is lodged in and arises from his timing of the hero's appearances on the stage during the last two acts. In the fourth act, Chateaubrun must keep Ajax offstage until Agamemnon has had time to reveal to Ulysses that he has been chosen to be the leader of the Greek forces (IV, 1). But

---

[5] Cf. *OEuvres de P. Corneille*, ed. M. Ch. Marty-Laveaux (Paris, 1862), III, pp. 318—9, vv. 851—4.

he also postpones his protagonist's appearance in this act until after Arcas has announced that Ajax has repulsed a new Trojan attack (IV, 2) and Phénice has weighed Agammenon's plea that she induce Ajax to abide by the decision of the royal council (IV, 4 & 5). Thus, Chateaubrun is careful to dispose of the ancillary problems before presenting Ajax, who now has new reason to justify his claim to the Greek leadership, and who is still ignorant of the verdict against him as late as IV, 6. By arranging his scenes in this sequence, Chateaubrun is able to reserve the spectacle of Ajax' rage until the latter has learned that even his own troops have been placed under Ulysses' command (IV, 7). Not until the end of his fourth act, then, does the dramatist allow the first shadows of madness to lengthen in Ajax' mind.

Suddenly enough, the fifth act opens on a Sophoclean note: just as Ajax had come upon the stage carrying a bloodstained thong or scourge in the Greek tragedy, after his madness has settled upon him, so does his French counterpart enter holding "dans chaque main une épée nue teinte de sang". Too, as his predecessor had harbored the illusion that he was killing Ulysses when he was slaughtering the cattle, so does Chateaubrun's Ajax believe that he has slain his "indigne rival" (V, 2). Then, in a brief exhortation to himself, which recalls the atrocious meal in Crébillon's *Atrée et Thyeste*, Ajax makes evident the extent to which his mind has been affected by exclaiming,

> Rentrons! Je veux luy dévorer le coeur
> Et chercher dans ses flancs un reste de chaleur!

He exits and does not return until his final appearance. The middle scenes of the fifth act are devoted to Phénice's monologue-lament upon the supposed death of her father (V, 3), who returns to the stage to observe, as he had in Sophocles, that Minerva has protected him by casting "un nuage fatal" before Ajax' eyes (V, 4). Phénice then gives way to an expression of her love for Ajax when she finds that her father is alive. She adheres to her love in spite of Ulysses' baroque description of the symptoms of Ajax' madness:

> Il couvre ses cheveux, d'une cendre brûlante;
> Dans son sein déchiré, luy-même s'ensanglante.

The action then courses swiftly to a climax: Ulysses resolves to send Phénice from Troy (V, 5); Agamemnon warns Ulysses that he also would do well to flee Ajax' fury (V, 6). Finally, Ajax returns in the seventh scene to remain until the end. As in Sophocles, he has regained his sanity and "in his right mind, he has found new pain". Too, it suddenly becomes apparent that one of the props on the stage is his tent, which would explain the "Rentrons" that he had employed previously in his insane address to himself (V, 7). Then, left alone in the eighth scene to meditate upon outrageous fortune, he learns that Phénice has killed herself in his tent (V, 9). The curtain falls upon a final monologue by Ajax, who kills himself "et tombe dans un fauteüil où il étoit assis avant sa fureur" (V, 10).

It would not seem an exaggeration to say that Chateaubrun's *Ajax* is a moving and supenseful tragedy. One might even suggest that this work would have done well, especially if it had had the benefits of rehearsal and subsequent revision. Indeed, it is somewhat puzzling that it did not gain consideration during the 1748—62 period, when there were a renewal of interest in Homeric subjects and a revival of the seventeenth-century manner upon the boards of the Comédie Française [6] despite the growing influence of the "philosophes" upon the theatre. *Ajax* observes the unities; each of its acts has an inherent interest arising from a pertinent complication; it does not become "invraisemblable" although it nibbles here and there at the edge of melodrama. Its theme is heroic and tragic beyond dispute, and it would have inspired in spectators the feelings that Aristotle prescribes for an audience. It may have been that Chateaubrun did not offer his *Ajax* to the players of the Comédie Française, because he felt that his other three works played there should have precedence. Or, perhaps, he did not wish to reveal the extent to which he might have borrowed from his own *Ajax* for the composition of his performed tragedies. It will be interesting to compare his *Les Troyennes, Philoctète,* and *Astianax* with *Ajax,* now that it is known that this last play is available in spite of Collé's story to the contrary [7].

University of Delaware   Spire Pitou
Newark, Delaware

---

[6] Cf. Henry Carrington Lancaster, *French Tragedy in the time of Louis XV and Voltaire, 1715—1774* (Baltimore, 1950), p. 383.

[7] Notice of the recovery of the MS appeared first in RLC, vol. 153 (1965), pp. 91—101.

AJAX

Tragedie En Cinq Actes

De

Jean-Baptiste-Vivien De Chateaubrun

Note du manuscrit: "Cette piece manuscrite mérite attention. L'auteur nous est bien connu. Il a toujours bien choisi ses sujets et les a presque toujours tirés de Sophocle et d'Euripide. Sa versification est foible: et cette piece a ces avantages et ces deffauts. Je crois qu'on en pourroit tirer bon parti en la mettant apres la mort de l'autheur en mains capables d'en fortifier la poésie et de tirer parti du sujet".

ACTEURS

AGAMEMNON
ULISSE
AJAX
PHÉNICE, fille d'Ulisse
DORIS, Confidente de Phénice
ARCAS, Confident d'Agamemnon
THESTOR, Confident d'Ulisse
TALMIS, Confident d'Ajax
GARDES

La Scéne est devant Troye dans le camp des Grecs.

ACTE PREMIER

Scéne Premiere

PHÉNICE

Ouy Doris, c'est Ajax; c'est mon amant luy-même
Que la Gréce destine à cet honneur suprême.
Qu'il est doux de brûler quand la gloire et l'amour
En faveur d'un héros nous parlent tour à tour.
Si le trépas d'Achille a fait couler nos larmes,
Ajax pour les tarir prend sa place et ses armes.
Mais sçais-tu quels honneurs attachez à ce choix
Vont distinguer Ajax parmy tant d'autres Rois?

DORIS

Achille, m'at'on dit, brûlant pour Polixéne,
A péry sous les traits du ravisseur d'Héléne,
Et son sang fume encor au piéd du même autel
Qui flattoit son amour d'un hymen solomnel.

PHÉNICE

Ce héros succomboit sous la fléche mortelle,
Et ses yeux se couvroient d'une nuit éternelle.
Ménélas court à luy déplorant son malheur.
Point de pleurs, dit Achille, il me faut un vangeur.
Je laisse, ajoute-t-il, de l'avantage insigne
Au héros que la Gréce en juge le plus digne.
Que mes Thessaliens marchent sous ses drapéaux,
Et que mes armes soient le prix de ses travaux.

DORIS

Qui pourrra mieux qu'Ajax prétendre à cette place,
Et faire voire encor ses coups et son audace?

Croyez-vous cependant que tant de Rois jaloux
Luy souffrent un éclat qui les efface tous?

PHÉNICE

Agamemnon, Doris, luy même l'authorize.
Que pourroit de ces Rois l'impuissante entreprise?
Quel Grec assez hardy luy raviroit un rang
Que son bras a déjà payé de tant de sang?
Amante d'un héros, fille d'une Déessee,
Tu vois que mon amour est exempt de foiblesse.
Je veux aimer Ajax comme on aime nos Dieux.
Que la gloire partout le présente à mes yeux!
Je rougirois, Doris, d'accepter son hommage,
Si quelqu'autre avec luy disputoit du courage.
Mon Pére, qui pourroit prétendre à cet honneur,
Veut bien sacrifier sa gloire à mon bonheur.
Il sçait qu'Ajax m'adore, et qu'il a sceu me plaire;
Mon amant trouve en luy l'indulgence d'un Pére.
Il veut aujourd'huy même allumer le flambeau
Que l'amour choisira pour un himen si beau.
Ah Doris, qu'il m'est cher! Que l'heureuse Phénice
Jouïsse avec transport des tendresses d'Ulisse.

DORIS

Que le jour fût heureux; en traversant les flots,
Vous vintes sur ces bords pour chercher ce héros.
Vous y trouvez, Madame, un Pére qui vous aime,
Qui fait pour vous jusqu'à sa gloire même.

PHÉNICE

Qu'il me fût doux, ce jour si longtemps attendu;
Aprés quel temps, Doris, mon Pére m'est rendu.
Il n'avoit que vingt ans quand Laërte, son Pére,
Trouva dans sa prudence un appuy nécéssaire.
Il punit les Crétois qui l'avoient traversé.
Un naufrage impréveu le jetta chez Circé;
La Déesse plaignit son sort et sa jeunesse
Et ne dédaigna point ses voeux et sa tendresse.
Tu sçais, je fus le fruit d'une si tendre amour;

Mes yeux à peine ouverts craignoient de voir le jour
Que Circé se plaignit de voir partir Ulisse
Et moüilla de ses pleurs le berceau de Phénice.
Ajax vient?

Scéne Seconde

PHÉNICE, AJAX, DORIS, TALMIS

PHÉNICE

   Ah Seigneur, quel sort digne d'un Roy,
Quel éclat, quels honneurs vont rejaillir sur moy!
Vous aviez effacé tous les héros de Troye
Mais la Gréce vous ouvre une plus noble voye,
Et ses Rois peuvent bien avoüer un vainqueur
Qui se pare à leurs yeux du prix de la valeur.

AJAX

Madame, mon bonheur n'est pas encor tranquille,
Mais j'en jure vos yeux, et les mânes d'Achille,
Personne impunément ne m'enviera son rang.
J'en deffendray la gloire au prix de tout mon sang.

PHÉNICE

Hé quoy, Seigneur?

AJAX

     Chargé d'une offrande si chére
Je venois vous en faire un hommage sincére,
Quand un homme inconnû m'a rendu cet écrit
Sans me nommer la main qui brave mon dépit.
Lisez.

PHÉNICE *lit*

  C'est au plus grand héros de la Gréce
Qu'Achille a confié ses armes, ses soldats.
Est-il chef sur ces bords que ce choix n'intéresse?
Et qui n'y prétend pas?

Mais dussent tant de Rois peu soigneux de leur gloire
Te ceder lachement une indigne victoire,
Je ne partage point la honte de ces Rois,
Et le fer à la main je déffendray mes droits.
Ah! Dieux!

AJAX

Agamemnon aprouve mon audace.
Ulysse qui pourroit m'envier cette place
Confond par un hymen mes droits avec les siens,
Luy, dont les coups, peut-être égalent tous les miens.
Et cependant un autre aspire à ma conqueste,
Me ravit les Lauriers que la gloire m'apreste,
M'insulte. Mais d'où naist le trouble où je vous voy?
C'est me deshonorer que de trembler pour moy.

PHÉNICE

Pardonnez à l'amour une crainte importune.
Que ne puis-ie donner mes voeux à la fortune!
Le succéz quelque fois échape à la valeur.

AJAX

Est-ce donc pour Ajax qu'on écoute la peur?
J'adore dans vos yeux le sang d'une Déesse.
L'amour des immortels, c'est exempt de foiblesses.
Un coeur qui s'offre à vous peut-il souffrir d'égal?
Quand les Grecs me verront dédaigner un rival,
Me couronner du prix qu'on destine au mérite,
Briguer avec ardeur un choix qui les irrite
Et me parer d'un nom qu'on me veut contester,
C'est moins pour les braver que pour vous mériter.

PHÉNICE

Mon amour me trompoit et vous faisoit injure,
Il est confus, seigneur, de son lâche murmure.
Je rougirois pour vous, si ma vaine frayeur
Avoit un seul moment passé dans votre coeur.
Un homme qui trahit son nom et sa mémoire,
Qui croit se faire aimer en immolant sa gloire,

26

Perd l'honneur et le coeur qu'il vouloit acquérir.
L'honneur est un Rival, que l'amour doit souffrir.
Revenez teint du sang d'un rival téméraire,
Et dans cet appareil soyez seur de me plaire.
J'ay chéri dans Ajax le plus vaillant des Rois;
Aux yeux de tous les Grecs justifiez mon choix,
Et le fer à la main allez les en convaincre.
Puisqu' Ajax va combattre, Ajax est seur de vaincre.

Scéne Trois

AJAX, TALMIS

AJAX

Oüy, oüy, je combattray, mais que dit-on, Talmis,
D'un Rival qui m'outrage avec tant de mépris?

TALMIS

Le bruit de ce défy trouble toute l'armée.
Tous ses voeux sont pour vous, mais elle est allarmée
Par un augure affreux qui menace vos jours
Et sous les murs de Troye en a fixé le cours.

AJAX

Et qu'importe, Talmis, qu'Ajax vive ou qu'il meure,
Que le fer, ou le feu, marquent sa derniere heure,
Qu'il ait pour ennemis des hommes ou des Dieux,
Pourveu qu'Ajax combatte à la clarté des cieux.

Scéne Quatre

AGAMEMNON, AJAX
ARCAS, TALMIS

AGAMEMNON

Quoy, Seigneur, un Rival menace votre vie
Puis qu'Ulisse vous voit triompher sans envie?

27

Qui pourroit dans ces lieux vous disputer ma voix?
Suis-je le chef des Grecs pour recevoir des loix?
L'orgueil d'Agamemnon aspire à la victoire;
Le pouvoir souverain dédaigne d'autre gloire,
Et loin de se parer du prix de la valeur,
C'est à le dispenser que paroist sa grandeur.
Sans vous inquiéter qu'un Rival se déclare,
C'est à moy de punir la fierté du barbare.
Laissez-le s'aplaudir de ses droits impuissans:
Ajax s'est reservé pour des soins plus pressans.

AJAX

C'est à moy seul, Seigneur, à vanger mon outrage;
La dépoüille d'Achille est promise au courage,
Et je n'attendray point de votre autorité
Un prix que ma valeur doit avoir mérité.

AGAMEMNON

Je ne souffriray point un combat qui m'offense;
Le Roy de tant de Rois doit tout à la prudence.
Les Grecs m'ont pris pour chef; je dois rendre à l'etat
Chaque goute de sang que prodigue un soldat.
Quelque fût le succéz de ce combat funeste,
La perte pour les Grecs est toûjours manifeste.

AJAX

Hé laissez-moy, Seigneur, l'arbitre de mon sort.
Quand j'affrontois pour vous le carnage et la mort,
Que tout convert de feu, de sang et de fumée,
Je combattois Hector, ses Dieux et son armée,
On n'a point veu, Seigneur, votre bras empressé
De tourner les périls dont j'étois menacé.
Cependant ce n'est pas pour vanger Salamine
Que je porte aux Troyens la mort et la ruine.
Que Ménélas marque d'un immortel affront,
Rameine, ou laisse Héléne aux bords de l'Helespont,
Sa honte ne peut rien pour fletrir ma mémoire.
Mais qu'un rival icy me dispute ma gloire,

Et contre mes exploits ose se soulever,
Voilà l'affront, Seigneur, dont je me dois laver.

AGAMEMNON

Si vous ressentez peu les pertes de la Gréce,
Que le soin de vos jours du moins vous intéresse.
Vous sçavez quel augure effraya Télamon
Quand Ajax le quitta pour suivre Agamemnon.
Peut-être ce combat est le combat terrible
Où vous attend des Dieux la présage infaillible.

AJAX

Si les Dieux devant Troye ont marqué mon tombeau,
Ajax, peut-il, Seigneur, en trouver un plus beau.
Que je meure en ces lieux, dans le tombeau d'Achille
Mes mânes glorieux choisiront leur azile.
Les arrêts du Destin sont pour moy superflus:
Voudrois-ie être immortel puisqu'Achille n'est plus?
La Parque ne sçauroit nous ravir l'avantage
De l'immortalité qu'assure le courage.
Mais pourquoy nous gêner d'un augure incertain?
Est-ce un oyseau, Seigneur, qui fait notre destin?
La valeur ne connoist son vol ny ses murmures.
La gloire est pour Ajax le plus seur des augures.
Meprisons les périls, et combattons toûjours;
Nous contraindrons les Dieux à respecter nos jours.

Scéne Cinq

AGAMEMNON, ULISSE, AJAX,
ARCAS, THESTOR, TALMIS

AGAMEMNON

Votre prudence est l'âme et le Dieu de la Gréce,
Et je sçay pour Ajax quel est votre tendresse;
Vous qui pouviez briguer un honneur contesté,
Vous sçavez quel sujet irrite sa fierté.

Ne pourrez-vous, Seigneur, desarmer sa colére
Et ménager un sang qui m'est si nécessaire?
Parlez, Seigneur.

ULISSE

Ajax doit-il estre surpris
Qu'un autre aime l'honneur et craigne le mépris,
Que parmy tant de Rois élevéz dans la gloire
Un seul brigue avec luy l'honneur de la victoire?
Mais vous êtes prudent de prévenir l'éclat
Et de craindre le sort d'un funeste combat.
Reservons notre bras pour les guerres publiques,
Et n'ensanglantons point nos haines domestiques.
La discorde est l'Ecuëil où se perdent les Rois.
Rassemblez tous les chefs et recueillez leur voix.
Ajax osera-t-il se plaindre qu'on l'outrage,
Si le prix de la guerre est le fruit du suffrage?

AJAX

Le suffrage? Qu'entens-ie? Ulisse me détruit.
Votre frayeur pour moy m'insulte, et vous séduit.
Ay j'attendu la voix de la Gréce assemblée
Pour voler le premier au sort de la meslée?
Ces Rois jugeront mieux qu'Ajax n'a point d'égal
En le voyant couvert du sang de son rival.
Et loin d'attendre d'eux une humble préférence,
Je suis honteux, Seigneur, qu'on la mette en balance.

ULISSE

Je l'avoüray, Seigneur, il n'est point de danger
Que mon bras avec vous ne veüille partager.
Un gendre tel que vous honoroit ma famille;
Je sçay de quelle ardeur vous chérissez ma fille.
Je voudrais prévenir par de plus douces loix
Les maux où ce combat va nous plonger tous trois.

AJAX

Le plus grand mal pour vous, quoi qu'on en puisse croire,
C'est qu'elle ait un Epoux sans courage et sans gloire.

30

Elle-même sensible à l'affront qu'on me fait
Rejette avec horreur un triomphe imparfait.
Mon amour ne doit point attendre de salaire
Qu'aprés m'estre vengé d'un rival téméraire.

AGAMEMNON

Impitoyable Ajax, vous êtes bien cruel.
Est-il temps d'écouter votre dépit mortel?
Que les Dieux m'ont haï, quand j'entrepris ce siége!
Que l'Aulide accepta mon encens sacrilége!
L'élite de l'Asie a marché sur mes pas;
J'ay fait gémir la Mer, du poids de mes soldats.
Les Troyens auroient-ils soutenu tant de force?
Il nous ont résisté forts de notre divorce.
La discorde est toujours preste à nous aveugler,
Et dans quel temps encor vient-elle nous troubler,
Aprés tant de combats qu'une juste espérance
Offroit à nos travaux le prix de la constance,
Que Troye avec Hector a perdu son appuy,
Que les Dieux des Troyens sont tombez avec luy.
Est-ce contre les Grecs que vous tournez vos armes?
Si vous voulez du sang, du carnage et des larmes,
Les Troyens impunis ont violé la paix.
Paris garde à vos yeux le prix de ses forfaits.
Voilà vos Ennemis, et voilà votre proye;
Ce lasche ravisseur est encore dans Troye.

AJAX

A qui vous prenez-vous de nos dissensions?
Ajax fut-il l'autheur de vos divisions?
Est-ce moy qui d'Achille enlevay la maitresse?
Pourquoi refusa t-il son secours à la Gréce?
On vouloit luy ravir le prix de ses exploits;
Son exemple m'anime à soutenir mes droits.
Mêmes prétentions, j'auray la même audace;
Il est mort, je prendray ses Troupes et sa place,
Et si quelque rival veut me les disputer,
Voicy la seule loy que je vais consulter.

AGAMEMNON

Mon adresse et mes soins vont tout mettre en usage
Pour découvrir la main qui luy fait cet outrage.
Quelle perte, Seigneur, pour vous et pour l'état,
Si la mort emportoit Ajax dans ce combat.
Grands Dieux, si vous voulez que la Gréce périsse,
Il ne vous reste plus qu'à me ravir Ulisse.

Scéne Six

ULISSE, THESTOR

ULISSE

Arrête ce rival qui trouble Agamemnon,
Qui va combattre Ajax, et qui cache son nom.
Il est temps, cher Thestor, que je te le révéle.
J'ay besoin du secret, mais je connois ton zéle.

THESTOR

Eh, quel est-il, Seigneur, celui qu'Ajax...

ULISSE

C'est moy.

THESTOR

Vous!

ULISSE

D'où provient ton trouble, et d'où naist ton effroy?
Ajax fait-il luy seul le destin de la guerre?
A t-il du sang Troyen luy seul rougi la terre?
Oui, moy, j'auray quitté mon Trône et mes états,
Affronté nuit et jour la mort dans les combats;
Entreprises, conseils, utiles artifices,
La Gréce en tous les temps a trouvé mes services.
Et cependant un autre, en cüeillant tout le fruit,
Voudra de son nom seul faire entendre le bruit,
Nous chargera d'opprobre en se couvrant de gloire.

Je ne souffriray point une tache si noire;
Il faut que la terreur, la victoire et la mort
Jugent notre querelle et réglent notre sort.

THESTOR

La Gréce, de vos soins, connoist trop l'importance
Pour en refuser la juste récompense.
Et pourquoy donc, Seigneur, ne vous declarer pas?

ULISSE

La prudence a reglé mon silence et mes pas.
J'estime Ajax, Thestor, mais pourrois-ie sans crime
Immoler lâchement ma gloire à mon estime?
Je l'acceptois pour gendre, et pour le ménager
Je cherchois une paix exempte de danger.
Le sufrage étouffoit la Discorde et la haine.
Irois-je divulguer une menace vaine?
On publieroit qu'Ulisse a trop fait éclater
Les appréts d'un combat qu'il voudroit éviter.
Je n'ay point oublié l'insolence de Troye,
Et combien ce défy doit y porter de joye.
Je vais trouver ma fille et sans me découvrir
Luy dire quel danger son amant va courir.
Qu'il prenne pour la gloire un chemin plus paisible!
Heureuse! Si l'amour peut le trouver sensible.
Mais si le combat seul a droit de décider,
J'accepte le combat plutost que de céder.
Un véritable Roy qui combat pour la gloire
Dans la nuit du tombeau trouve encor la victoire.
J'ay courû pour les Grecs mille périls affreux,
Je veux tenter pour moy ce que j'ay fait pour eux.

ACTE SECOND

Scéne Premiére

PHÉNICE, DORIS

PHÉNICE

Je triomphe, Doris, et mon âme tranquille
Voit déjà dans Ajax le successeur d'Achille.
Tu sçais malgré l'amour qui régne dans mon sein,
Malgré tous les périls d'un combat incertain,
Si j'ay voulu qu'Ajax essuyast un outrage.
J'ay moy même attisé sa haine et son courage.
Je t'auoueray pourtant, le faible de mon coeur,
Ma fierté n'étoit point exempte de frayeur:
Quand la valeur d'Ajax me présageoit sa gloire,
Ma crainte, dans mon coeur, balançoit sa victoire.
D'affreux pressentiments me troubloient malgré moy.
Dieux! Quel espoir charmant succéde à mon éffroy!
Il reviendra vainqueur et sa gloire immortelle
Va se parer encor d'une clarté nouvelle.

DORIS

Et sur quoy fondez-vous cet espoir plein d'appas?

PHÉNICE

Sur le sort du combat j'ay consulté Calchas.
Juge si sa reponse a banny ma tristesse:
    Tu verras triompher l'objet de ta tendresse,
    m'a t'il dit. Son rival confus, desespéré,
    Abandonné des Grecs, de soy même abhorré,
    Meme à ses ennemis arrachera des larmes.
C'en est asséz, Doris, pour calmer mes allarmes.
Qui cherissois-ie ici qu'un Pére et qu'un amant,

34

Et quel autre intérest peut causer mon tourment?
Périsse le rival dont la funeste envie
Du héros que j'adore, ose noircir la vie!
Puisse en des flots de sang expirer sa fureur
Pourueu qu'Ajax triomphe, et retourne vainqueur.

DORIS

Madame, Ajax sçait-il par quel heureux augure
Les Dieux ont annoncé sa victoire future?

PHÉNICE

Ajax ignore encore ce présage des Dieux;
Je l'ay fait avertir de se rendre en ces lieux.

Scéne Seconde

ULISSE, PHÉNICE, DORIS, THESTOR

ULISSE

Ah! Ma fille, venez seconder votre Pére.
D'un amant obstiné combattez la colére.
Ajax ne connoist plus ny raison ny devoir.
Tous les malheurs des Grecs ne peuvent l'émouvoir.
S'il croit seul avoir droit sur les armes d'Achille,
Pourquoi refuse t'il un suffrage tranquille?
Ne tient-il qu'à flétrir le nom de tant de Rois,
Qu'à vouloir que tout plie et reçoive ses loix?
Ou qu'à menacer tout d'une entiere ruine
Ajax, est-il icy comme dans Salamine?
L'amour qu'il a pour vous, vous fait régner sur luy,
D'un camp prés de périr vous deviendrez l'apuy.

PHÉNICE

Ah Seigneur! Vous sçavez que mon obéïssance
A toujours de vos loix respecté la puissance.
Mais que craignent les Grecs d'un si juste combat?
Voicy le mal, Seigneur, que doit craindre un Etat:

Que la témerité, l'orguëil et l'injustice
Y dévorent le prix qui n'est deû qu'au service,
Que le lasche et le brave également traitéz
Reçoivent les honneurs sans inégalitéz.
Et que demande t'il ce héros magnanime
Que son bras n'ait acquis par un droit légitime?
Est-ce pour un Esclave, ou pour quelque butin
Qu'il veut voir son rival les armes à la main;
Qu'Agamemnon, Seigneur, brûle pour une femme,
Pour en venger la perte, il met la Gréce en flamme.
L'absence d'un esclave irrite sa fureur.
Ajax n'est affamé que de gloire et d'honneur,
Et l'on veut le priver d'une juste loüange.
O mon père, souffrez que ce héros nous venge;
L'outrage nous regarde, Ajax et vous et moy,
Ce n'est qu'en nous vengeant qu'il obtiendra ma foy.

ULISSE
Ah! Ma fille, il s'agit de la cause publique.
Devons-nous consulter l'intérest domestique
Qu'Ajax sorte vainqueur de ce combat fatal?
Nous perdons un héros en perdant son rival.
Il prive tous les Grecs d'un secours nécessaire.
Son ennemy n'est point un ennemy vulgaire.

PHÉNICE
Je ne le verrois plus, s'il souffert aujourd'huy
Qu'un autre qu'un héros se mesurast à luy.
Non, non. Je ne crains pas qu'une valeur commune
Ose de ce guerrier balancer la fortune.
C'est le fier Dioméde égal aux immortels,
Ou le brave Evémon digne de nous autels?
Mais ils peuvent périr sans que l'Etat périsse
Pourvû qu'Ajax respire, et que l'on sauve Ulisse.
Les Grecs auront encor vos conseils et son bras,
Et c'en est trop, Seigneur, pour vanger Ménélas.

ULISSE
Mais croyez-vous qu'Ajax puisse vaincre sans peine?
Ma fille, à vous oüir sa victoire est certaine.

La fureur du combat ne connoist point de rang,
Et la victoire même est avide de sang.
Le fer moissonne tout, et le plus magnanime
D'un combat inégal est souvent la victime.
Vous voyez quel péril votre amant va chercher,
Et le péril qu'il court ne peut point vous toucher?
Je croyois que vos feux répondoient à sa flâme.
Ah! Vous ne l'aimez point. Je perçois que votre âme,
Cruelle pour Ajax, et cruelle pour nous,
Veut immoler les Grecs, son Pére et son Epoux.

PHÉNICE

Moy! Je veux immoler mon amant ou mon Pére!
Vous m'avez dit, Seigneur, qu'Ajax pouvoit me plaire.
La nature et l'amour par ses plus tendres noeuds
Dans le fond de mon coeur vous sont gravé tous deux.
Vous partagez tous deux ma plus vive tendresse;
Vous même de mes feux vous loüerez la noblesse.
Je veux le conserver tel qu'il est à vos yeux;
Vous me l'offrez vaillant, dois-ie le rendre lasche?
Il m'adore en héros, je veux l'aimer sans taches.
Si vous tremblez pour lui, je vais vous rassurer:
Les Dieux en sa faveur daignent se déclarer,
Par la voix de Calchas ils m'ont prédit sa gloire;
En volant au combat, il vole à la victoire.

ULISSE

Quoy, ma fille? Calchas! Qu'entens-je?

PHÉNICE

                                    Ouy, Seigneur.
Par un présage seur avance son bonheur.
Des transports de mon coeur partagez l'allégresse.
Je verray triompher l'objet de ma tendresse,
M'at'il dit, son rival confus, desesperé,
Abandonné des Grecs, de soy même abhorré.

ULISSE

Un oracle, ma fille, est toujours infaillible,
Mais son vray sens toujours n'est pas intelligible.

PHÉNICE

Ma tendresse n'y trouve aucune obscurité,
Et la valeur d'Ajax en fait voir la clarté.

ULISSE

Plus l'oracle vous plaist, moins sa réponse est claire.

PHÉNICE

Je ne cheris icy qu'un amant et un Pére.

ULISSE

Ma fille, c'est assez. J'excuse vos erreurs.
D'un amant qui s'égare irritez les fureurs,
Par de nouveaux transports embrasez son audace.
Votre Père est instruit de tout ce qui se passe.
Je connois son rival sans bruit et sans éclat.
Il le fera chercher pour se rendre au combat.
Joüissez cependant de votre heureux présage.
Mais quelque soit le sort qui suivra son courage,
Tremblez, s'il est vaincu; tremblez, s'il est vainqueur.
Et n'accusez que vous de tout votre malheur.

Scéne Trois

PHÉNICE, DORIS

PHÉNICE

Que je tremble, Doris, et quel est donc mon crime?
De l'interest des Grecs dois-ie être la victime?
Mon Pére voudroit-il, outré de mes refus,
Rompre d'heureux liens que luy même a tissus?
Ah! J'en mourrois, Doris mais ma crainte est frivole.
Mon Pére m'a promise, Ajax a ma parole,
Et quel chagrin pourroit balancer dans mon coeur
Le plaisir d'épouser un si noble vainqueur.

38

Scéne Quatre

PHÉNICE, AJAX, DORIS

PHÉNICE

Seigneur, de vos périls venez sçavoir l'issue!
Les Dieux ont dévoilé l'avenir à ma veuë.
Votre courage seul s'explique sans détour,
Mais peut-on séparer la crainte de l'amour?
Mon coeur de ses frayeurs n'a pas été maître.
J'ay consulté Calchas.

AJAX

Vous a t'il fait connoître,
Madame, où mon rival prend soin de se cacher?
Voilà le seul secret qui me puisse toucher.

PHÉNICE

Quoy! Vous blamez les soins de mes ardeurs extrêmes!

AJAX

Ah Madame, cherchons l'avenir dans nous-mêmes.
Un lasche craint toujours un avenir affreux,
Mais c'est sa lâcheté qui le rend malheureux.
Un coeur qui lit son sort dans son propre courage
N'y rencontre jamais de sinistre présage.
Je dois me rendre digne et d'Achille et de vous.
Que me faut-il de plus pour exciter mes coups?

Scéne Cinq

PHÉNICE, AJAX, DORIS, THESTOR

THESTOR

Votre Rival, Seigneur, à present se déclare,
Et je viens vous chercher pour ce combat barbare.

AJAX

Suy moy.

THESTOR

      Tout pres d'icy vous trouverez un chemin
Qui laisse au fond du bois un assez grand terrain.
C'est là que ce rival est allé vous attendre,
Mais je viens vous prier de ne point vous y rendre.

AJAX

Le soupçonnerois-tu de quelque trahison?

THESTOR

Pourray-ie sans horreur vous prononcer son nom?
Ah! Je vais vous porter le coup le plus sensible:
Vous avez à combattre un ennemy terrible.

AJAX

Je frémis. De quel nom va t'il m'épouvanter?

THESTOR

Cet ennemy crüel, et ce cher adversaire,
C'est...

AJAX

            Achéve!

THESTOR

           Seigneur, c'est Ulisse.

PHÉNICE

                    Mon Pére!

AJAX

Ulisse!

THESTOR

      Le secret m'estoit recommandé,
Je vous trahissois tous, si je l'eusse gardé.
Madame, c'est à vous à prévenir l'orage.
Renoüez une paix dont vous êtes le gage.
Rapellez la douceur dans ces coeurs enflâméz.
Qui les desarmera, si vous ne les calmez?

Scéne Six

AJAX, PHÉNICE, DORIS,

PHÉNICE

Dieux cruels, c'est ainsi qu'au lieu de me répondre
Votre oracle flatteur ne sert qu'à me confondre.

AJAX

Sans vous en prendre aux Dieux, Madame, n'accusez
Qu'un traitre, qui nous a l'un et l'autre abuséz.

PHÉNICE

Je ne vois plus en vous que l'Epoux de Phénice.
Vous ne devez plus voir qu'un Pére dans Ulisse.
Après le noeud sacré qui nous unit tous deux,
Votre combat n'est plus qu'un Parricide affreux.

AJAX

Moy, votre Epoux, Madame? Eh comment puis-je l'estre
Quand un Pére cruel ne veut plus me connoître,
Qu'il a brisé l'autel qui devoit nous unir,
Que l'amitié, le sang n'ont pu le retenir.
Le traitre! Il me previent, m'embrasse, me caresse,
Il consent qu'un himen succéde à ma tendresse,
Et sous ces beaux dehors il a soif de mon sang,
Le cruel se prépare à me percer le flanc.
Ah! Je ne vois point là le Pére de Phénice;
A ces laches détours je ne connois qu'Ulisse.

PHÉNICE

Ah! Ne l'accuse point. C'est moy qui l'ay perdu.

AJAX

Hé quoy, Madame, quoy? Qu'a-t'il donc prétendu?
Que pour être son gendre, approuvant son audace,
Je le verrois sans peine aspirer à ma place,
Je luy sacrifierois gloire, vengeance, honneur?
Je vais luy faire voir dans ma juste fureur,
Si c'est par des affronts que je pretens vous plaire.

PHÉNICE

Quel honneur trouviez-vous à me priver d'un Pére?

AJAX

Pour être votre Pére, est-il moins mon rival?
Ce titre qu'il dément, doit-il m'estre fatal?
Je m'en raporte à vous, et si l'on doit vous croire,
Un héros qui trahit son devoir et sa gloire,
Qui par des lâchetéz croit se faire chérir,
Perd l'honneur et le coeur qu'il vouloit acquérir.
Que je vole au combat, ou que je vive infame,
Il n'est plus entre nous ny d'himen ny de flâme;
Votre Pére crüel a brisé tous ces noeuds.
Il me rend méprisable, ou me rend malheureux.
Mon bras en combattant vous immole à ma gloire,
Et je vous perds en lasche en cedant la victoire.
Mais puisqu'il faut enfin vous perdre dans ce jour,
La vangeance et le sang me tiendront lieu d'amour.

PHÉNICE

Je ne m'oppose plus à ta gloire barbare.
Si tu ne gémis point du coup qui nous sépare,
Entraine-moy du moins au combat où tu cours.
Quel affreux désespoir suivroit mes tristes jours!
Veux-tu me reserver pour pleurer l'un ou l'autre?
Si vous êtes Rivaux, ma querelle est la vôtre.
Je soutiendray ses coups, je recevray les tiens.
Mon coeur vous tiendra lieu d'Héléne et de Troyes.
J'iray dans ce combat d'amour et de colére
Exhorter mon amant et déffendre mon Pére,
Vous perdre, vous sauver, vous vanger tous les deux,
Mourir pour mon devoir, et mourir pour mes feux.

AJAX

Eh! Faut-il qu'un cruel... Dieux! Mon rival aproche.
Madame, épargnez-moy la honte d'un reproche.

42

Scéne Sept

ULISSE, AJAX, PHÉNICE, DORIS

ULISSE

Que tarde Ajax à se rendre au combat!
Se repent-il déjà d'avoir tant fait d'éclat?
On l'a fait avertir?

AJAX

                    Ah! C'est trop me confondre!
Vien, vien, je sçais l'endroit où je dois te répondre.

PHÉNICE

Arrête. A quel combat vas-tu donc t'engager?
C'est mon Pére, cruel, que tu veux égorger.
Crois-tu que mon devoir ou douteux ou timide
Souffre tranquillement cet affreux Parricide?
Si mon Pére te hait, j'épouse son courroux.
Je vengerois sa mort, s'il tomboit sous tes coups.
Puisque tu m'aimes moins, que tu ne hais mon Pére,
Je ne vois plus dans toy qu'un Bourreau sanguinaire.
Viens m'immoler moy-même au pied du même autel
Qui devoit nous unir d'un lien éternel.
Enyvre-toy de sang, joins le Pére à la fille.
Dans un même cercüeil fais tomber ma famille.
C'est ainsi que l'amour dont tu romps le lien
Doit faire agir, cruël, un coeur comme le tien.

AJAX

Est-ce à moy, juste ciel, que ce discours s'adresse?
Plaignez-vous un cruël, qui malgré sa promesse...

ULISSE

Allons! Venez, Seigneur, et marchez sur mes pas!

PHÉNICE

Mon Pére, au nom des Dieux, ne m'abandonnez pas.
Voicy la main, Seigneur, qui m'estoit destinée.
C'est mon Pére, c'est vous qui me l'aviez donnée.

Changerez-vous en deüil la Pompe de ce jour,
Si vous me ravissez l'objet de mon amour?
Eh, laissez-moy le temps d'attaquer ma foiblesse;
Un moment ne peut point étouffer ma tendresse.
Votre ennemy, Seigneur, m'est encore trop cher.
C'est dans mon propre coeur qu'il faut l'aller chercher.
Vous deviez me l'offrir, couronné par vous même.
L'offrirez-vous mourant à ma tendresse extrême?
Je l'aime malgré moy, son péril est le mien.
Faites couler mon sang, ou ménagez le sien.

ULISSE

Et vous traitiez tantost mes craintes de chiméres!

PHÉNICE

Et croyois-ie, Seigneur, que ce fût pour un Pére.
Ah! Si vous êtes sourds aux cris de ma douleur,
Arrachez-moy ce coeur qui doit vous faire horreur.
à AJAX: Je te hais, vange-toy d'une amante infidelle.
à ULISSE: Je l'aime. Vengez-vous d'une fille rebelle.
à ULISSE: Vous allez l'attaquer, je tremble pour ses jours.
à AJAX: Tu veux percer son coeur; je vole à son secours.
à AJAX: J'abhorre tes exploits, je déteste ta gloire.
à ULISSE: Je fais des voeux pour luy, je crains votre victoire.
Ma flame et mon devoir vous blessent tour à tour.
A Ajax: A Ulisse:
Ou punis la nature, ou punissez l'amour.

ULISSE

Ce cruël veut flétrir tous les Rois de la Gréce.

AJAX

Moy?

ULISSE

                    Vous!

AJAX

                    C'est à toy seul que ma fureur s'adresse.
Viens!

PHÉNICE

Mon Pére... Seigneur...

ULISSE

Garde, observe ses pas.
Retiens-la dans ces lieux et ne la quitte pas.

PHÉNICE

Cruëls, si je ne puis vous sauver l'un et l'autre,
Mon trépas pour le moins suivra de près le vôtre.
D'un seul moment encor je veux reculer,
Pour voir à qui des deux je me dois immoler.

ACTE TROIS

Scéne Premiére

PHÉNICE, DORIS, GARDE

PHÉNICE

Cruel qui me retiens en ce lieu solitaire,
Va, cours, vole plutost au secours de mon Pére.
Crains-tu que je ne sauve et ton maître et ton Roy?
Chaque coup rejaillit et retombe sur moy.
Je les vois se charger, l'un frape, l'autre tombe.
Il se reléve, il part, il chancelle, il succombe.
Il est percé de coups, son barbare vainqueur,
Tout prest de l'achever, insulte à son malheur.
Pour qui dois-je trembler; qui faut-il que je plaigne?
Mais pourquoy des frayeurs que leur fierté dédaigne?
Que craindre d'un combat où leur sort est égal?
Ulisse peut-il vaincre un si fameux rival?
Ajax ne vaincra point un guerrier tel qu'Ulisse.
Trembler pour un des deux, c'est luy faire injustice.
Je les verray tous deux fiers d'avoir combattu,
L'un l'autre d'un rival admirer la vertu,
D'un courage pareil eux-mêmes se convaincre,
Et partager l'honneur de n'avoir pu se vaincre.
L'espoir commence à luire à mon coeur éperdu,
Je dois tout espérer quand j'ay cru tout perdu.
Quel espoir! Vaine erreur d'un esprit qui s'égare!
Ne me souvient-il plus d'un oracle barbare?
Ay-je oublié les maux que le ciel m'a prédit?
O mon Pére, est-ce toy qu'un oracle a proscrit?
Est-ce toy, mon amant, que je dois voir sans vie,
Tout couvert de ton sang ou couvert d'infamie?

L'un des deux doit périr, l'autre est dehors de danger:
Si l'oracle en est cru, mon coeur peut les juger.
Mais comment desmeler l'objet de ma tendresse,
Si sous différens noms même intérest me presse?
Mais, hélas, c'en est fait, dans ce cruel moment,
Ou je n'ay plus de Pére, ou je n'ay plus d'amant.
Je n'en doy perdre qu'un, et cette incertitude
Reünit pour tous deux ma sombre inquiétude.
Je les perds l'un et l'autre en ce moment affreux,
Et mon coeur déchiré les pleure tous les deux.

Scéne Seconde

PHÉNICE, DORIS, THESTOR, UN GARDE

PHÉNICE

Que vois-ie? Quoy, Thestor, tu reviens sans mon Pére?

THESTOR

Mon retour a t'il rien qui doive vous deplaire.
Votre Pére est vivant.

PHÉNICE

                                        Mais Ajax est donc mort?

THESTOR

Madame, votre amant joüit du même sort.
Jamais tant de sang froid, de colere et de rage
N'ont balancé la gloire et servy le courage.
Vous m'avez veu sortir embrasé de courroux,
Résolu de périr ou de troubler leurs coups.
Ajax tenoit auprés une garde fidelle
Pour qu'on les laissast seuls décider leur querelle;
Cette garde m'arreste et trompe ainsi mon soin.
D'un funeste combat inutile témoin,
Quelle horreur m'a causé cette scéne éffrayante!
La demarche d'Ajax est fiere et menaçante;

Ses yeux étinceloient de haine et de fureur,
Toute son action inspiroit la terreur.
Ulisse l'attendoit d'un air froid et paisible.
Ajax part le premier avec un cri terrible.
Armé d'un javelot qu'il lance à son rival,
Ulisse en s'inclinant pare le coup fatal.
Le fer mortel trompé s'enfonce dans la terre.
Ajax en menaçant saisit son cimeterre,
Plus rapide qu'un foudre frape; l'airain gémit.
De ses coups redoubléz la forest retentit.
Ulisse en reculant luy dérobe sa proye.
Son bouclier reçoit le coup qui le foudroye.
La Cuirasse résiste et le fer émoussé
Menace en retournant le bras qui l'a poussé.
Ajax s'arreste enfin criant avec furie;
Ulisse, qui croit son ardeur rallentie,
L'assaillit à son tour, l'atteint de toutes parts.
Leur Epée est brisée, ils prennent leurs poignards.
Ils se prennent de prés, tous leurs coups s'entrelassent,
Dans leurs casques percéz leurs poignards s'embarassent.
Ils se prennent l'un l'autre, Ulisse renversé,
Entraine son rival qu'il tenoit embrassé.
Acharnéz l'un sur l'autre et roulans sur le sable,
Cherchant pour se percer un endroit favorable,
Chacun seroit vainqueur d'un coup qui le séduit.
Le trépas tour à tour les menace, les fuit,
Obéït sous le fer à leurs bras magnanimes,
Ou semble respecter ces deux grandes victimes,
Quand on voit toute à coup arriver à grands pas
Nestor, Agamemnon, Evémon, Ménélas.
Ils vont aux combattants, les prennent, les relévent,
Contre tous leurs efforts ces Rivaux se soulévent.
Ajax veut devant eux rallumer le combat.
Ulisse sans branler l'attend en bon état.
Mais forcéz à la fin et contraints de se rendre,
De trop prés observéz pour pouvoir se reprendre,

Ils consentent tous deux d'une commune voix
Qu'Agamemnon les juge et décide à son choix.
Les voicy.

PHÉNICE

Dieux! Fuyons ce spectacle barbare.

Scéne Trois

AGAMEMNON, ULISSE, AJAX,
ARCAS, THESTOR, THALMIS

AJAX

Jugez-nous donc, Seigneur, et puis qu'on nous sépare,
Faites honte au destin qui n'ose nous juger,
Ou souffrez un combat que je vais rengager.

ULISSE

Ah! Seigneur, vous sçavez si j'ay servi la Gréce.

AGAMEMNON

Une même amitié pour vous deux m'intéresse.
Eh, que ne puis-je, hélas, plus juste et plus heureux
D'un seul et même prix vous honorer tous deux.
Il faut pourtant juger sans amour et sans haine.
La volonté d'Achille est ma régle certaine
Dans le doute cruël dont je me sens gesner.
J'entendray vos raisons pour me déterminer.

AJAX

Quelles raisons, Seigneur, voulez-vous que j'expose?
Grands Dieux! Quel est l'endroit où je déffens ma cause?
C'est devant ces vaisseaux, et sur ces mêmes bords
Où je leur fis cent fois un rempart de mon corps.
Hector les attaquoit, fier d'un nouveau présage,
Tel qu'un embrasement qui porte le ravage.
La peur, le feu, la nuit s'avançoient sur ses pas;
Il sembloit que les Dieux fussent tous ses soldats.

Mon courage pourtant arrêta son audace;
Je l'atteins, je brisay son casque et sa cuirasse;
Il tombe demy mort malgré tout son appuy,
Aux yeux même des Dieux qui combattoient pour luy.
Pour sauver vos vaisseaux, que fit alors Ulisse?
Le fer se laissa t'il charmer par l'artifice?
Qu'il le dise, s'il l'ose, ou bien s'il en rougit,
Nestor pourra, Seigneur, vous dire ce qu'il vit.
Nestor étoit blessé; sa blessure et son age
Le laissoient sans secours couché sur le rivage;
Ulisse l'abandonne, insensible à ses cris,
Et fit voir une peur dont rougiroit Paris.
Il fuit un même sort, tomba sur ce perfide,
La guerre se vangea de ce soldat timide.
Cet homme si prudent à conserver ses jours,
Supliant à son tour, eut besoin de secours;
Il m'apelle, j'y vais, je perce la meslée,
Je me rends aux clameurs de cette voix troublée.
Je le trouvay tremblant, abattu de frayeur;
Mon bouclier fit fuir la mort et la terreur;
Dans cet azile seûr, Mars n'osa le poursuivre;
Il me dust son salut et la honte de vivre.
Retournons dans l'endroit où je vis ton effroy,
Où j'éloignay la mort prés de fondre sur toy;
Reprends tes cris, ta peur, ta fuite, tes allarmes,
Vien sous mon bouclier me disputer des armes.
Bien loin de respecter le bras qui t'a sauvé,
Traître! tu me punis de l'avoir conservé.
Je ne demande rien qu'à titre d'héritage,
Quand je n'aurois pour moy le rang ny le courage.
Pelée est mon parent, et faut-il qu'aujourd'huy
Un enfant de Sisiphe, et plus rusé que luy,
Attaque injustement le sang et l'alliance
Pour me ravir un bien que j'ay par ma naissance?
Qu'il dise quel exploit a signalé son nom,
Les chevaux de Rhésus, le meurtre de Dolon,
Immolé lachement contre la foy promise!

Voilà de quels exploits ce héro s'authorise!
A t'il fait d'entreprise et bravé de hazard
Où la fraude et la nuit n'ayent point eu quelque part?
Il se cache toujours, et l'on nomme prudence
Une lasche frayeur qui cherche le silence.
Diray-ie par ses soins Palaméde accusé
Et puni faussement d'un crime suposé?
Pourquoy? Qu'avoit-il fait pour armer ta furie?
Il detrompa les Grecs de ta feinte folie.
Quand nous cherchions ici la gloire et les combats,
Quel prétexte prit-il, pour ne s'y rendre pas?
Le lasche languissoit dans les bras d'une femme.
Il trahit sa raison sur ce prétexte infame
Et fut bien moins heureux de paroîtré insensé
Que de fuir les périls qui l'auroient menacé.
Il se flatte pourtant d'un triomphe facile.
Il croit qu'Agamemnon — viens, viens, Divin Achille,
Perce la sombre nuit qui couvre ton tombeau,
Viens assister toy-même à ce combat nouveau!
Parle! Qui conduira tes troupes invincibles,
Qui portera le poids de tes armes terribles?
Ulisse? Et les Troyens par tes armes séduits
Pourroient s'imaginer que c'est toy qui les fuit!
Ouy, c'est moy! Mais pourquoy tous ces discours frivoles?
Courons aux actions, et laissons les paroles.
Ces armes qu'on dispute, et cet illustre prix,
Qu'on les jette à vos yeux dans un gros d'ennemis.
Celuy qui de nous pourra mieux les reprendre,
Celuy-là seul, Seigneur, a le droit d'y prétendre.

ULISSE

Dieux! Avec quels transports Ajax vient de parler,
Au lieu de la douleur qui devroit l'accabler.
Nous ne te verrons plus, brave et Divin Achille,
A nos Grecs malheureux présenter un azile,
Ecarter les périls dont ils sont menacéz.
Mais nous n'oublierons point tes services passéz.
La mort qui détruit tout, les Exploits et la gloire,

Peut-elle de nos coeurs effacer ta mémoire?
Ce n'est que d'un vangeur que sa mort a besoin;
C'est au plus grand des Grecs qu'il en laisse le soin.
Il faut que la vertu le nomme, et le choisisse,
Si le sang doit icy prévaloir au service.
Pirrhus est fils d'Achille et respire à Sciros,
Teucer est comme vous parent de ce héros.
C'est au mérite seul que sa dépoüille est deuë;
C'est par mes Exploits seuls que je l'ay prétenduë;
Ajax avec hauteur vous a parlé des siens,
Avec simplicité je vais dire les miens.
Vous devez à mes soins tous les Exploits d'Achille;
On vous rendoit sans moy son courage inutile.
Vous sçavez quel oracle épouvantoit Thétis:
Sous l'habit d'une fille elle cacha son fils;
Je trompay les regards de la Déesse même.
Je vous donnay la main qui frapa Tenédos,
Et j'allumay le feu qui dévora Lesbos.
C'est par moy que Scilla, que Chrise, que Lirnesse
Ont ouvert leurs remparts aux assauts de la Gréce,
Que Téléphe tomba. Que vous diray-ie encor?
Vous me devez le bras par qui périt Hector.
Pénélope, il est vrai, m'arresta par ses larmes.
Mais ce fut aprés moy qu'Achille prit les armes.
Pour avoir retardé fut-il moins votre appuy?
On se rend immortel à faillir comme luy!
Ajax s'enorguëillit d'un bras que rien n'arreste,
Mais Ulisse combat du bras et de la teste.
La farouche valeur ne produit qu'un soldat,
Moins utile souvent, que nuisible à l'Etat.
Voyez-le dans le choc; sa valeur emportée
Ira braver la mort prompte précipitée
Et n'ose de sang froid attendre le trépas.
S'il brave le péril, c'est qu'il ne le voit pas,
Animé par le feu, le sang et le carnage.
C'est l'exemple d'autruy qui fait tout son courage.
La honte quelquefois luy tient lieu de valeur

Et ses plus grands exploits sont l'effet de la peur.
Brave par vanité, courageux par caprice,
Il cherche en combattant quelqu'un qui l'aplaudisse.
S'il immole ses jours, c'est aux regards d'autruy,
Et trahit son pays même en mourant pour luy.
Ajax, si j'ay cherché la nuit et le silence,
Mes travaux en sont-ils d'une moindre importance?
Que me reprochez-vous, si je me suis caché?
C'est le seul bien public que mon bras a cherché.
Dans la nuit, de Pallas, j'enlevay la statuë;
Sans ce coup Troye étoit vainement combatuë.
Aprés mille périls j'aborday son autel
Et ravis aux Troyens son recours immortel.
Le Devin Hélénus, si l'on en croit l'oracle,
Mettoit à nos desseins un invincible obstacle.
Les Troyens ne craindroient nos Piques ny nos dards,
Tandis que ce Devin soutiendroit leurs remparts.
Rien ne m'épouvanta; je me glissay dans Troye;
Jusqu'aux pieds de Priam, j'allay chercher ma proye.
Je me couvris de sang de ses gardes surpris;
Je trompay son sommeil, et j'enlevay son fils.
De vos plus grands succéz vous m'êtes redevable;
Sans ce coup important, Troye étoit imprenable.

AJAX
Il se pare à vos yeux de la gloire d'autruy.
Un Chef plus intrépide et plus heureux que luy,
Dioméde, Seigneur, accompagnoit Ulisse.

ULISSE
Dioméde m'ayda, vous luy rendéz justice.
Mais Ajax fut-il seul à sauver nos vaisseaux
Quand Hector y porta le fer et les flambeaux?
Vingt Rois avec Ajax balançoient la victoire,
Et je n'en ai choisi qu'un pour partager ma gloire.
Eh, pourquoy Dioméde, Evémon, Ménélas
Ne demandent-ils point le prix de leurs combats?
Dioméde, terrible et funeste à Mars même,

Vous céde t'il l'honneur d'un courage suprême?
Mais tous ces Rois verront sans en être jaloux
Qu'on ose préferer ma prudence à leurs coups.
Peut-on vous écouter sans leur faire injustice?
Que me reprochez-vous? Qu'on a veu fuir Ulysse?
En croiray-ie un témoin que je viens d'éprouver?
C'est le fer à la main qu'il le faloit prouver.
Puisqu'en nous combattant vous n'avez pu me vaincre,
Il est honteux à vous de vouloir m'en convaincre.
Expirant sous mes coups, mourant de leurs blessures,
Que mon bras a laissé dans une foule obscure,
Ce Rival, qui m'osoit comparer à Paris,
A t'il versé son sang pour le bien du Païs?
L'impitoyable Mars, qui choisit ses victimes
Et fait tomber ses coups sur les plus magnanimes,
A dédaigné le sang de ce brave soldat,
Mais le mien a rougi ce barbare climat;
J'ay le corps tout couvert de nobles cicatrices;
Voicy quels sont mes droits, mes titres, mes services.
Recompensez, Seigneur, de si glorieux coups,
Ou rendez-moy le sang que j'ay versé pour vous.
Minerve à mes desseins fut toujours si propice,
Oüy, Minerve m'inspire un heureux artifice.
Son image sacrée enlevée aux Troyens
M'ouvrira leurs Remparts par d'autres moyens,
Mais sans vous attester sa puissance suprême.
Ajax en ma faveur a décidé luy-même.
Ces armes qu'on dispute et cet illustre prix,
Qu'on les jette à vos yeux dans un gros d'ennemis.
Celuy qui de nous deux pourra mieux les reprendre,
Celuy-là seul, dit-il, a le droit d'y prétendre.
Ah! Je l'ay déjà fait, et sans aller plus loin,
Hier même, Seigneur, vous en fûtes témoin.
A peine un trait mortel eût fait tomber Achille
Que les Troyens cachéz sortent de leur azile,
Sur les Grecs effrayéz fondent de toutes parts;
Tout nous portoit la mort, le feu, le fer, les dards.

Mais au travers du feu, du fer et des allarmes,
Je traverse Ilion chargé d'un poids si beau;
Son corps est mon butin, ses armes sont ma proye.
Rendez-moy donc, Seigneur, ce que j'ay pris dans Troye.
Ajax a prononcé son jugement fatal;
Ne soyez pas pour moy plus cruël qu'un rival.

AGAMEMNON

Je voudrois décider, mais plus je vous écoute,
Moins mon esprit fixé détermine sa doute.
Je céde tour à tour . . . .
Souffrez, Princes, souffrez que les chefs de la Gréce
Pour me déterminer m'aydent de leur Sagesse.
Laissez la verité s'expliquer librement.
Vous n'assisterez point à ce grand jugement,
Mais donnez-moy tous deux votre foy pour ôtage.

AJAX

Que parlez-vous ici de Rois et de suffrage?
Je vous ay déjà dit que je bravois les voix.

AGAMEMNON

Eh, pourquoy donc, Seigneur, récusez-vous ces Rois?
Ces Rois refusent-ils de vous rendre justice,
Ou sont-ils moins portéz pour vous que pour Ulisse?
Quel intérest ont-ils à vous sacrifier?
Un coeur sêur de ses droits doit-il se défier?

AJAX

Quoy? Vous voyez, Seigneur, que c'est par déffiance?
Hâtez-vous de détruire un soupçon qui m'offence!
Rassemblez-les, Seigneur; je ne crains en ces lieux
Ny les Grecs, ny leurs chefs, ny leurs Roys, ny leurs Dieux!

ACTE QUATRE

Scéne Premiére

AGAMEMNON, ULISSE

ULISSE

Suis-ie deshonoré, suis-ie couvert de gloire?
M'annoncez-vous, Seigneur, la mort ou la victoire?
Tandis que tous ces Rois qu'arreste l'Hellespont
Peutêtre me couvroient d'un immortel affront,
J'ay sauvé leurs vaisseaux du fer et de la flâme.
Je me suis avancé sous les murs de Pergame,
J'ay vu par un sentier les Troyens s'écouler,
Je surprens un soldat que je force à parler.
A la faveur du Bois qui borde cette Plaine
Les Troyens ont gaigné la montaigne prochaine;
L'ombre du mont Ida les dérobe à vos yeux
Dés que l'obscure nuit aura voilé les cieux.
Fiers de la mort d'Achille, ils doivent nous surprendre,
Les uns chercher la flotte et la reduire en cendre,
Les autres vous couper le chemin de la mer
Et porter dans le Port le ravage et le fer.
C'est sur Ajax d'abord que doit tomber l'orage:
Sa tente est prés du bois et bouche leur passage.
Je restois sans rival en le laissant périr.
Il sçait par mes amis quel risque il doit courir.
L'interest de la Gréce et mon amour pour elle
S'emportent sur les soins de ma propre querelle.
Mais de crainte qu'Ajax ne cherchast à douter
De l'avis qu'un rival luy faisoit apporter,
Arcas en votre nom est chargé de l'instruire;
De votre part, Seigneur, il doit tout luy redire.

56

AGAMEMNON
Sans cet avis prudent qui prévient nos malheurs,
Que cette affreuse nuit nous eût coûté de pleurs!
Les Troyens ont couvert le mont qui nous domine;
Il faut nous retrancher aux pieds de la coline.
Eh! Qui les poursuivroit dans ces antres profonds?
C'est assez les braver, si nous les attendons.
Il faut à l'embuscade opposer l'artifice.
Ces Rois que vous sauvez vous ont rendu justice;
Aprés de longs débats vous l'avez emporté,
Mais qui pourra calmer un rival irrité?
Qui pourra luy porter cette affreuse nouvelle
Et luy dire l'arrest de sa honte éternelle?
Votre fille, Seigneur, a du pouvoir sur luy.
Qui peut mieux qu'une amante adoucir son ennuy?

ULISSE
Je cours où le peril me presse de me rendre;
Le Troyen est tout proche et pourroit nous surprendre.
Ma fille m'eust donné des pleurs dans mon malheur
Et va pleurer Ajax puisque je suis vainqueur.
Ses pleurs même, Seigneur, peuvent-ils me déplaire?
Elle perd un Epoux avoüé par un Pére.
Ah! C'est elle, Seigneur, qu'il faudra consoler.
Je reviendray pourtant la voir et luy parler.
Il s'agit de l'Etat, et la fille d'Ulisse
Ne doit pas balancer à faire un sacrifice.

AGAMEMNON
Tous les Thessaliens vont marcher sur vos pas;
Ces héros vous auront pour chef dans les combats.
Que les Troyens vaincus jusque dans leur azile
Ne s'aperçoivent pas de l'absence d'Achille!

Scéne Seconde

AGAMEMNON seule
Courons trouver Ajax, mais comment l'engager
A soutenir les Grecs dans ce pressant danger.

57

La guerre et la discorde encore plus cruelle
M'affligent chaque jour d'une perte nouvelle;
Hier la mort d'Achille a fait couler mes pleurs;
Tous mes jours sont marquéz par autant de malheurs.

Scéne Trois

AGAMEMNON, ARCAS

AGAMEMNON

Ajax vient-il, Arcas? Est-ce luy qui t'envoye?
Sçait-il par tes avis les embusches de Troye?

ARCAS

Ouy, Seigneur, il les sçait. Les Troyens sont vaincus.
Bien loin de les attendre il les a prévenus.
»Ah! Suy moy,« m'a t'il dit, »et pour toute réponse,
Vien voir si j'ay tremblé du péril qu'on m'annonce.«
Ajax ne compte point le nombre des Troyens:
Il arme sur le champ ses Salaminiens;
Dans l'épaisseur du bois il s'enfonce avec rage
Et la hache à la main il s'y fait un passage,
Elargit les sentiers, traverse les torrens,
Attaque les Troyens, se fait jour dans leurs rangs;
L'ennemy s'échapoit à la faveur des ombres;
Ajax porte le feu dans ces cavernes sombres;
Il embrase le bois qui les cache à l'entour;
Il veut vaincre ou mourir à la clarté du jour.
On ne sçait à le voir courir dans la meslée
S'il combat pour les Grecs ou bien s'il est Enée;
Thestor, Isis, Idas, que sa fureur poursuit,
Sont plongéz sous ses coups dans l'éternelle nuit.
Les Troyens s'enfuyoient, Agénor les rallie.
Leur valeur par Enée a paru rétablie.
Ajax force un rocher qui leur servoit d'apuy;
La terreur et la mort s'y jettent avec luy.

La bataille n'est plus qu'un carnage effroyable;
Tout le mont retentit d'un bruit épouvantable.
Les vainqueurs, les vaincus, les mourans, les blesséz,
Dans les feux, dans les eaux sur l'un l'autre entasséz,
Confondent leurs soupirs, leur rang et leur haleine.
L'un fuit, l'autre s'attache au vainqueur qui l'entraine;
Les arbres enflâméz leur servent de buchers;
Sur le mont escarpé, dans les creux des Rochers,
Ajax les suit partout, les atteint, les foudroye,
Et les meine battant jusqu'aux Portes de Troye.

AGAMEMNON

Eh! De quel front, grands Dieux, puis-je luy découvrir
L'opprobre dont les Grecs viennent de le couvrir?

ARCAS

Ajax fait ramasser ses soldats magnanimes,
De la gloire des Grecs immortelles victimes,
Et reviendra chercher le prix de ses exploits.

Scéne Quatre

AGAMEMNON, PHÉNICE, ARCAS

PHÉNICE

M'aprendrez-vous, Seigneur, ce qu'ont jugé vos Rois?
Vous sçavez l'intérest que mon coeur y doit prendre.
Je crains de tout sçavoir, et je veux tout apprendre.

AGAMEMNON

Votre Pére est vainqueur, Madame, et votre amant
N'a point encor appris cet affreux jugement.
Vous seule vous pouvez enchainer sa colere.
Sa fureur peut encor menacer votre Pére.
Sauvez les Grecs, sauvez un Pére, sauvez-vous;
En conservant Ajax, vous nous conservez tous.

Scéne Cinq

PHÉNICE, DORIS

PHÉNICE

Moy le sauver? Doris, quel soin pour ma tendresse!
C'est peu qu'il soit l'objet des mépris de la Gréce;
On veut que je l'exhorte à souffrir un affront,
Que j'enfonce le trait qui diffame son front;
Au deshonneur d'Ajax il faut que j'aplaudisse.
Toy qui connois mon coeur, quel employ pour Phénice!
L'affront dont on le couvre irrite mon ardeur;
Ses malheurs ont changé mon amour en fureur.
Tout presente à mon âme . . . .
Si je veux applaudir aux Exploits de mon Pére,
L'amour me peint Ajax le trépas dans le sein,
Se déchirant luy-même et plaignant son destin;
Si je veux avec luy partager ses allarmes,
Mon devoir outragé me reproche mes larmes,
Me dit que je dois tout à l'amour paternel,
Que sa gloire est la mienne. En cet état cruël,
Je ne puis plus former de souhait légitime;
Ma douleur est injuste, et ma joye est un crime.
Mon coeur est déchiré des plus vives douleurs,
Et je n'ose donner de plainte à mes malheurs.
Le voicy! Dieux! Quel trouble est peint sur son visage!
Doris, ne sçait-il point le secret qui l'outrage?

Scéne Six

PHÉNICE, AJAX, DORIS

AJAX

Madame, Agamemnon n'est-il pas dans ces lieux?
On m'avoit dit... craint-il de rencontrer mes yeux?
Le Service important que je viens de luy rendre
Meritoit que le prix ne s'en fit pas attendre.

60

PHÉNICE

Seigneur, Agamemnon ne peut pas être loin.
Eh quoy! Son entretien fait-il tout votre soin?
Dans un temps plus heureux vous cherchates Phénice,
Mais tout vous fait horreur dans la fille d'Ulisse.

AJAX

Toujours du même feu je me sens dévorer.
Mais que nous sert ce feu qu'à mieux nous déchirer?
Qu'Ulisse soit vainqueur, me prendra-t-il pour gendre?
Et si je suis vaincu, comment puis-ie y prétendre?
L'hymen et ses appas viendroient-ils me chercher
Dans l'eternelle nuit où j'irois me cacher?

PHÉNICE

Seigneur!

AJAX

Moy, je vivrois couvert d'ignominie?
Voudrais-ie à des affronts enchainer votre vie?
Depuis pres de neuf ans qu'attaché sur ses bords,
Je vis parmy le sang, le carnage et les morts,
Que venois-ie y chercher qu'un nom et de la gloire?
Vous seule vous pouviez partager ma victoire.
Ma gloire ne sçauroit me souffrir de rival;
J'aime mieux n'estre point que d'avoir un égal.
Ah! Cet honneur déjà m'accuse de paresse.
Je vais donc sur mon sort interroger la Gréce,
Chercher dans son aveu le prix de mes Exploits,
Ou laver dans mon sang la honte de son choix.

PHÉNICE

Ah, Seigneur! Arrêtez, songez que c'est ma vie
Que votre désespoir immole et sacrifie.
Dans la nuit du tombeau je ne vous quitte point;
Mon pére nous sépare, et mon coeur nous y rejoint;
Notre hymen est rompu, mon amour dure encore,
Et quand vous me fuyez, mon âme vous adore.
La fortune avec vous m'offroit un sort heureux;

La fortune en changeant ne peut changer mes voeux.
Eh, que peut craindre Ajax du jugement des hommes?
Nous ne devons qu'à nous, Seigneur, ce que nous sommes.
La grandeur d'un héros doit se trouver dans luy.
N'avons-nous de vertus que par les yeux d'autruy?
Que vingt Rois contre vous portent un témoignage?
Un mouvement jaloux peut dicter leur suffrage;
La haine ou la faveur peut les faire parler.
Eh! Laissez-les, Seigneur, vainement s'assembler.
Pourroient-ils effacer ces jours pleins d'allegresse
Où vous étiez vous seul le rempart de la Gréce,
Où la foudre à la main vous devanciez ces Roys,
Qui peut-être aujourd'huy vous refusent leurs voix?
Vos Exploits étonnoient et l'une et l'autre armée.
L'avenir ne peut rien sur votre renommée;
Tout a cédé, Seigneur, à vos généreux coups.
Il ne vous reste plus qu'à triompher de vous.

AJAX

A triompher de moy? Dieux! Qu'entens-ie, Madame?
Eh! Quel trouble portez-vous dans mon âme?
Quoy donc, Agamemnon . . . Suis-ie déshonoré?
Il étoit avec vous, vous a t'il déclaré?

PHÉNICE

Agamemnon, Seigneur, m'a chargé de vous dire . . .
Ah! Prince malheureux, je ne puis t'en instruire.

AJAX

Eh quoy! Vous me laissez dans ce doute mortel,
Et ce doute est pour moy l'arrest le plus cruël.
Cherchons Agamemnon. Il faut qu'il m'eclaircisse . . .

Scéne Sept

AJAX, TALMIS

TALMIS

Allez-vous assister au triomphe d'Ulisse?
Seigneur, il a receu le prix de votre travaux,
Et les Thessaliens ont suivi ses drapeaux.

AJAX

Talmis...

TALMIS

                   Ah! Je sçay d'Agamemnon luy même,
Et j'ay veu de mes yeux cette injustice extrême;
J'ay veu votre rival sous l'éclat odieux
Dont sa gloire nouvelle ébloüit tous les yeux;
Ses étendards flottoient sur les soldats d'Achille;
Pour braver vos fureurs il s'en fait un azile.

AJAX

Si les fils de Priam m'eussent ainsi jugé,
Je croirois que Priam est encor trop vangé,
Mais que les Grecs, Talmis, me couvrent d'infamie...
Et que leur ay-ie fait pour m'arracher la vie?
Les Barbares qu'ils sont, voilà quel est le prix
De tant de jours sanglans, de tant d'affreuses nuits
Où je veillois pour eux sur ce cruël rivage.
Et quel est ce rival qui surprend leur suffrage?
Je rougissois, Talmis, qu'on me l'eust comparé,
Et ce même rival se trouve préféré.
Et par qui préféré? Par la Gréce assemblée,
Par des Rois qui m'ont vu cent fois dans la meslée.
Quel temps ont-ils choisi pour me perdre l'honneur!
Au moment où mon bras est leur libérateur,
Eloignoit de leur camp le ravage et la flame,
Alloit porter la mort dans le sein de Pergame,
Et du sang des Troyens grossissoit l'Hélespont,
Les traitres s'assembloient pour me faire un affront.

TALMIS

Laissez ce peuple ingrat decider sa querelle;
Ces Roys qui vous ont fait une injure mortelle
Se sentiront, Seigneur, déchiré de remords,
Quand ils verront leur camp tout rempli de leurs morts,
Par le feu des Troyens leur flotte devorée.
Ils connoitront la main qu'ils ont déshonorée,
Privéz du seul appuy qui peut les proteger.
En les abandonnant c'est assez vous vanger.
Télamon pourroit-il blamer votre colére?
Il vous tendra les bras!

AJAX

                              Moy, j'irois chez mon Pére?
Sçais-tu qu'il renversa les remparts d'Ilion
Et qu'il enleva Troye au Roy Laomédon?
Il en revint chargé de butin et de gloire.
"Voy, mon fils," me dit-il "les fruits de ma victoire"
En montrant la dépoüille enlévée aux Troyens
Le jour que je partis pour les champs Phrigiens.
"La guerre te conduit sur le même rivage;
Fais sur ces bords fameux revivre mon courage.
Du nom que j'y laissay va soutenir l'honneur;
Qu'aucun héros des Grecs ne t'égale en valeur;
Efface, si tu peux, les Exploits de ton Pére,
Et revien tout brillant de la même carriere."
Et j'irois pour tout fruit de ses derniers adieux
Luy présenter l'affront qui me couvre en ces lieux?
Qu'un noir tombeau plutost s'entr'ouvre et me devore!
Je ne suis plus son fils quand je le deshonore.

TALMIS

D'un rival triomphant vous entendrez les cris.
Voulez-vous le laisser joüir de ses mépris?
De ces funestes lieux, sortez en diligence.

AJAX

Non; je ne mourray point sans gloire ou sans vengeance.
Retirons-nous dans Troye et remplaçons Hector.

Que les Grecs effrayéz le retrouvent encor.
Les Grecs m'ont outragé, j'abhorre ma Patrie.
J'abhorre tous les lieux où ma gloire est flétrie.
Priam pourra sans peine accepter un vangeur
Dont il a tant de fois éprouvé la valeur.
Embrazons ces vaisseaux dont j'éloignay la flâme;
Armons contr'eux les bras qui menaçoient Pergame,
Perdons les Grecs,brulons leur camp, frapons leurs Roys,
Et vengeons les Troyens de mes propres Exploits.

TALMIS

Ah! Seigneur! Dans quels lieux cherchez-vous un azile?
Oubliez-vous déjà la triste mort d'Achille?
Son coeur fut embrazé pour la soeur de Paris;
Il la veut pour Epouse et l'obtient à ce prix,
Qu'il se déclarera le protecteur de Troye.
Le Troyen dans ses murs le reçoit avec joye,
Et le traitre l'immole en ce même moment
Aux pieds de l'autel même où se fait leur serment.
Le carnage récent que vous venez d'en faire
Vous promet-il, Seigneur, un traité sincére?
N'attendez des Troyens qu'un trépas assuré.

AJAX

Eh! Qu'il vienne au plutôt, ce trépas désiré,
Puisque je suis couvert de honte et d'infamie,
Qu'il vienne m'arracher une odieuse vie!
Qu'Achille fût heureux, s'il se vit outragé;
Par ses ennemis même Achille fut vengé.
J'ay tout fait pour les Grecs, les Grecs me déshonorent.
Mon pays me poursuit et les Troyens m'abhorrent.
Ceux que j'ay combattu plaindront-ils mes douleurs?
Tout dans ce camp fatal rend ma honte complette.
La gloire d'un rival, mes Exploits, ma défaitte,
Grecs, Pére, amis, Troyens, tout vient me déchirer,
Et tout concourt, Talmis, à me deshonorer.

TALMIS

Eloignez-vous, Seigneur, oubliez ce rivage
Qui ne vous offre plus qu'une funeste image.

AJAX

Avant de périr ... il faut que ma fureur ...
Ulisse ... Agamemnon ...

TALMIS

Que dites-vous, Seigneur?

AJAX

Je m'egare, Talmis, mais vien, c'est trop nous plaindre:
Jusque dans leur triomphe, ils ont encor à craindre.

ACTE CINQ

Scéne Premiére

PHÉNICE *seule*

Ouy, je veux avec luy me perdre ou me sauver;
Dans le fond des enfers j'iray le retrouver;
Il aura chez les morts ensevely sa honte.
Doris ne revient point. Elle eût été plus prompte...
Le voicy! Quelle horreur! Quel appareil fatal!

Scéne Seconde

PHÉNICE, AJAX, TALMIS
Ajax a dans chaque main une epée nue teinte de sang

AJAX

Je l'ay veu mort enfin cet indigne Rival.

PHÉNICE

Dieux!

AJAX

      Je me suis baigné dans le sang du Perfide;
Minerve vainement luy pretoit son égide.

TALMIS

Seigneur ....

AJAX

      Rentrons. Je veux luy dévorer le coeur
Et chercher dans ses flancs un reste de chaleur.
Il a porté ce fer, ma main en est soüillée.
Qu'ay-je fait? Conduy-moy. Ma raison est troublée.

Scéne Troisiéme

PHÉNICE *seule*

Hélas! Mon pére est mort et loin que ma douleur
Ait prévenu sa perte et paré son malheur,
C'est pour son assassin que je versois des larmes
Et que mon coeur sentoit de si vives allarmes.
Ah! Je n'ay donc cherché mon Pére de si loin
Que pour l'abandonner dans ce pressant besoin.
*

J'aurois pu desarmer son Rival furieux;
Un même coup, du moins, nous eût frapé tous deux.
O jour épouvantable! O funeste voyage
Qui conduisit mes pas sur ce fatal rivage!
O! Le cruel hymen que j'osois espérer
Et toy, triste flambeau qui devoit l'éclairer,
Vien, hâte-toy de luire à mon heure derniére.
Mourons. Voicy le fer teint du sang de mon Pére.
Mourons... mais de quel front t'aborder chez les morts?
Le coeur brulant encor de criminels transports,
Je meurs pour le rejoindre, et ma flâme fatale
Va l'outrager encor sur la Rive infernale.
Son crüel assassin vit encor dans mon coeur!
O mon Pére, pardonne à ma coupable ardeur!
C'est peu que mes remords t'offre une vangeance.
Non, je n'aprouve pas une ardeur qui t'offence;
C'est pour en fuir l'horreur que je me cache au jour.
Je vais vanger la mort et punir mon amour,
Je vais...

* two lines missing

Scéne Quatre

ULISSE, PHÉNICE, THESTOR

ULISSE

    Dieux! Quel transport peut armer son audace?
Que faites-vous?

68

PHÉNICE

                    Mon Pére, est-ce vous que j'embrasse?
Ajax de votre mort a répandu le bruit;
J'allois suivre vos pas dans l'eternelle nuit.

ULISSE

Ah, ma fille! Le ciel me rend à ta tendresse.
Je ne dois mon salut qu'aux soins d'une Déesse.
Minerve me protége et poursuit mon Rival;
Elle a couvert ses yeux d'un nuage fatal.
De nos retranchemens il a forcé l'entrée,
L'oeil terrible, sans casque, et la voix égarée,
Appellant à grands cris la vengeance et la mort.
Tous ses sens sont frapéz d'un funeste transport;
Il croit revoir partout l'objet de sa furie;
De mille emportemens son erreur est suivie.
Il fait tomber ses coups sur ses propres amis,
Egorge ses soldats à sa garde commis,
Se baigne dan leur sang, et sa rage charmée
Croit avoir immolé tous les chefs de l'armée.
Eriphile a péri dans ce commun effroy;
Ajax l'a désarmé croyant que ce fut moy.
Son esprit éclairé de lueurs inégales
Laisse encor à ses sens de légers intervales.
Mais ce retour le livre à des tourmens nouveaux;
Sa raison est pour luy le pire de ses maux:
Il couvre ses cheveux d'une cendre brûlante,
Dans son sein déchiré luy-même s'ensanglante.

PHÉNICE

Hélas!

ULISSE

             Dérobez-vous ce Spectacle odieux,
Ma fille; éloignez-vous de ces funestes lieux.
Les malheurs d'un amant...

PHÉNICE

                      Quoy! Seigneur, l'himenée
Devoit au sort d'Ajax unir ma destinée.

Quand tout brilloit en luy, la Puissance et l'honneur,
Quand j'allois sur ses pas partager sa grandeur,
Aujourd'hui que le sort persécute sa vie,
Et qu'il est malheureux, vous voulez que je fuye?
Non, mon Pére!

ULISSE

                                  Quel est cet aveugle transport?
Ton amour obstiné veut-il suivre le sort
D'un homme que les Dieux ont choisi pour victime,
Que leur haine poursuit?

PHÉNICE

                                    J'ignore pour quel crime
Ajax s'est attiré la colére des cieux.
Mais mon amour, mon Pére, est plus fort que les Dieux.
Je laisse à leur fureur pour suivre l'innocence,
Et ne partage point leur indigne vengeance.

ULISSE

Peut-il pour tous vos soins avoir quelque retour?
Quel fruit esperez-vous d'une si tendre amour?
De ses propres fureurs son coeur n'est plus le maître
Et vous immolera même sans vous connaître!

PHÉNICE

Dieux! Qu'il me seroit doux de mourir de sa main
Et que le même fer unist notre destin.
Et ce sont là les voeux les plus forts de mon âme;
Je n'ay jamais pour luy brûlé de tant de flâme.

ULISSE

Qu'entens-je? Justes Dieux! Ma fille, oubliez-vous
Qu'Ajax fut mon rival, et que je parle à vous?

PHÉNICE

Pére injuste et cruel, qui me faites un crime
D'un innocent amour dont je suis la victime,

Est-ce sans votre aveu qu'il embraza nos coeurs?
C'est vous qui le premier alluma nos ardeurs,
Me fîtes un devoir de ma tendresse extrême.
Vous vouliez à l'autel me conduire vous-même;
Vous appelliez Ajax du tendre nom de fils;
De votre propre main nous devions être unis.
Malgré tout mon amour et la foy qui me lie,
Quand un combat douteux menaçoit votre vie,
Ay-ie formé des voeux qui ne fussent pour vous?
Ay-ie appelé l'amant ou préféré l'Epoux?
Vous yeux en sont témoins. Un raport peu fidelle
M'avoit de votre mort annoncé la nouvelle.
Détestant l'assassin, son amour, et ses fers,
De mon trépas sanglant vous avez vu l'approche.
Sur quoy donc fondez-vous votre injuste raproche?
Vous revoquez l'himen par vous même ordonné;
Vous m'enlevez l'Epoux que vous m'aviez donné.
Vous l'avez diffamé, couvert d'ignominie.
Pour vous j'immolois tout, ma tendresse, ma vie,
Mon amant, mon Epoux; je vais voir à mon tour
Jusqu'où je dois porter les droits de mon amour.

Scéne Cinq

ULISSE, THESTOR

ULISSE

Ah! Malgré ses fureurs, Thestor, je suis son Pére;
Hâtons-nous de la rendre aux larmes de sa mére.
Je fremis de l'état où je la vois sortir,
Et je veux dés ce jour la contraindre à partir.
Va, cours et qu'un vaisseau tout prest pour ce voyage
L'eloigne pour toujours de ce fatal rivage.

Scéne Six

AGAMEMNON, ULISSE

AGAMEMNON

Que faites-vous, Seigneur, dans ces funestes lieux?
Et venez-vous tenter un rival furieux?
Quels secours j'ay perdu: Patrocle, Ajax, Achille!
Si je vous perds encor où sera notre azile?
Au nom de tous les Grecs, daignez vous conserver!
Fuyez Ajax, fuyez!

ULISSE

                                    Je viens pour le sauver.

AGAMEMNON

Vous le sauver, Seigneur? Par quelle heureuse adresse?
Ah! Je reconnois là votre amour pour la Gréce.

ULISSE

C'étoit sans le haïr que j'étois son rival,
Heureux s'il m'eust voulu regarder comme égal.
J'ay causé ses malheurs, entrainé par ma gloire,
Mais je regrette, hélas, jusques à ma victoire.
Ma fille au désespoir veut courir à la mort
Et du sort d'un amant fait dépendre son sort.
Je sçay quel interest tout le camp y doit prendre
Et quel service encor vous en pouvez attendre.
Seigneur, prions les Dieux d'éloigner de son coeur
Ce prestige fatal qui nourrit sa fureur.
Desqu'un temps plus serain aura calmé sa rage
Et de ses sens rassis lui permettra l'usage,
J'iray, Seigneur, j'iray me présenter à luy
Sans être accompagné, sans armes, sans appuy;
Minerve me mettra sa sagesse en la bouche.
Je crains peu la fierté de cette âme farouche;
Je sçay par quels ressorts je pourray l'émouvoir.
Mais dust-il contre moy tourner son desespoir,
Je veux tout employer, force, douceur, adresse,
Pour conserver ses jours et le rendre à la Gréce.

72

AGAMEMNON

Le voicy. Rentrez, Prince, évitez son abord.
Dérobez-vous du moins à son premier transport.

Scéne Sept

AJAX, TALMIS

AJAX

Ah! Talmis, de quel sang j'ay rougi mon épee!
Dieux! Aux depens de qui ma fureur s'est trompée?
Que je suis à la fois accablé de malheurs!
Le jour n'offre plus que de sombres lueurs;
La honte, les soupirs, le remords, l'infamie
Me frapent tour à tour et poursuivent ma vie.
Raconte-moy ... comment ce funeste poison
A t'il troublé mon coeur et saisi ma raison?
Qu'ay-ie dit dans le temps de ma fatale rage?
Une sueur de sang me couvroit le visage;
De mes cruelles mains me suis-ie déchiré.
Est-ce le sang de ceux que j'avois massacré?
Quoy? J'égorgeois les miens comme autant de victimes?
O Terre, cache-moy dans tes profonds abîmes!
Fatale obscurité qui regnoit sur mes yeux,
Couvre-moy pour toujours de ton voile odieux.

TALMIS

Ah, Seigneur, éloignez cette funeste idée.

AJAX

De quels sombres accéz mon âme est possédée!
C'est Minerve, Talmis, qui vient de m'abuser;
Par un prompt sacrifice il la faut appaiser.
Qu'elle éloigne de moy sa main qui me tourmente;
Il faut céder aux Dieux; va, rentre dans ma tente;
Conduis-y la victime, et prépare un autel.
J'ay besoin pour quérir d'un secours immortel.

TALMIS

Eh! Puis-je vous quitter dans l'état où vous êtes?
Votre fureur, Seigneur, a des retours funestes.

AJAX

Va, te dis-je Talmis, et ne réplique pas!
Je vais dans un moment me rendre sur tes pas.

Scéne Huit

AJAX *seul*

Me voicy seul enfin, et je puis sans contrainte
Mettre fin aux tourmens dont mon âme est atteinte.
Je me suis délivré de l'importun secours
Qui me forçoit moy-même à veiller sur mes jours.
Ce n'est plus qu'à ce fer que mon coeur se confie;
Seul, il doit décider du reste de ma vie;
Je le receus d'Hector, dans ce combat affreux
Où la nuit, malgré nous, nous sépara tous deux.
Il me fit ce présent pour prix de son estime;
J'offris mon Baudrier que je l'ay vû trainer.
Et je vais me percer du fer qu'il m'a donné?
Le don d'un Ennemy nous est toûjours funeste!
Et c'est dans mon malheur le seul bien qui me reste.
Ulisse viendra t'il le chercher dans mon coeur?
Le Barbare à présent insulte à mon malheur;
Il paroist tout brillant de ces nouvelles armes;
Ces Roys qui m'ont jugé luy vantent mes allarmes;
Il se rit de ma honte et de mes vains efforts,
Et moy je me consume en funestes transports.
Mourons! Couvrons mon nom de l'ombre la plus noire!
Mais puisqu'il faut mourir, pourquoy mourir sans gloire?
Armons encor un coup mes Salaminiens;
Pour la derniére fois fondons sur les Troyens;
Par un combat d'éclat couronnons mon courage;

Sur leurs murs embrazés faisons-nous un passage;
Cherchons sous leurs débris un Tombeau glorieux;
Courons sans balancer... où vas tu, malheureux?
Tu veux combattre encor? Pour qui? Pour les Attrides?
Va prodiguer ton sang pour plaire à ces perfides!
Ils ont bien reconnu tes services passéz!
Tes travaux, tes périls sont bien recompenséz.
Songe à finir plûtost ta honte et ta misére
Sans gloire, sans amis, éloigné de ton Pére.
Comment entendra t'il ce récit odieux?
Je n'ay personne ici qui me ferme les yeux;
Tout me fuit, tout me quitte, et jusqu'à cette femme,
Qui montroit pour Ajax une si vive flâme.

Scéne Neuf

AJAX, TALMIS

TALMIS

O malheureux amour! O barbare vertu!
Ah, Phénice, Seigneur...

AJAX

                              Parle! Que me dis-tu?

TALMIS

Dans votre tente même a fini sa suplice.

AJAX

Ciel!

TALMIS

        Elle entre. Elle voit l'apprest du sacrifice,
La victime, l'autel, la flâme et le poignard,
Sur mes yeux effrayéz fixe un sombre regard:
»Pour appaiser les Dieux tu perds une victime.
Vange-toy d'eux plutost, sur leur sang qui m'anime,«
Me dit-elle. »Mon père approuva mon amour

Et veut que de ces lieux je parte sans retour.
Mais j'y laisse un témoin de mon amour fidelle.«
Alors elle gemit, soupire, vous appelle,
Pleure, saisit enfin le poignard sur l'autel,
Se frape et sans parler tombe du coup mortel.

AJAX

C'est ainsi Dieux cruëls ... retourne dans ma tente!
Eloigne de mes yeux cette image sanglante,
Ce spectacle pourroit ranimer mon transport!

Scéne Dix

AJAX

Je vis et vous vivez qui causez sa mort;
Traitres, je vais encor vous montrer mon Epée;
De votre infame sang je veüx la voir trempée ...
Mais quelle main puissante arreste ici mes pas ...
Quoy? Minerve, c'est toy qui me retiens le bras ...
Quelle affreuse vapeur vient obscurcir mon âme?
L'Enfer s'ouvre à mes yeux ... Quels abismes de flâme!
J'y voy les Ennemis que poursuit ma fureur ...
Et qui vous a plongé dans ce séjour d'horreur?
Barbares, quelle main a hâté ma vengeance?
Le Ciel juste une fois remplit mon espérance.
Qu'entens-ie? Agamemnon! Dieux quels fremissemens!
Tout l'Enfer retentit de ses gémissemens.
D'où vient qu'à mon aspect ton ombre s'épouvante?
Attend-moy! Tu me suis ombre pâle et sanglante?
Que dis-tu? Quoy! Ta femme a vangé mes mépris?
Ulisse, tu péris par les mains de ton fils.
Poligone luy-même armé pour ton suplice
Dans tes flancs entr'ouverts vange sa soeur, Phénice.
Idomenée! Ah Dieux! De quel tourment nouveau
Tu repais ce cher fils dont tu fus le Bourreau.
Vous m'aviez tous jugé, vous étiez tous coupables.

Roys, Chefs, vous tombez tous sous des coups éffroyables;
Sous vos vaisseaux brûlans, les flots se sont ouverts,
Le feu joint à la mer vous entraine aux Enfers!
Que vois-je? Quoy! C'est toy, malheureuse Phénice!
Que fais-tu dans ces lieux de pleurs et de suplice?
Chere ombre... moy, je suis l'autheur de tes malheurs.
Ah! Je vais aux Enfers partager tes douleurs.

Il se tue et tombe dans
un fauteüil où il étoit
assis avant sa fureur.

FIN

Hugo Friedrich

Epochen der italienischen Lyrik

1964. XVI, 784 Seiten. Kt DM 59.50, Ln DM 68.50

Drei Klassiker des französischen Romans

Stendhal — Balzac — Flaubert

5. Auflage 1966. 163 Seiten. Pbck DM 6.80

Italienische Lyrik

Eine Auswahl

Italienisch und Deutsch hrsg. von HUGO FRIEDRICH

1965. 76 Seiten. Kt DM 18.50

Ideen und Formen

Festschrift für Hugo Friedrich zum 24. XII. 1964

Herausgegeben von FRITZ SCHALK

1965. VIII, 346 Seiten. Kt DM 34.—

Vittorio Klostermann · Frankfurt am Main

Erich Auerbach
Introduction aux Etudes de Philologie Romane
3. Auflage 1965, 252 Seiten. Kt DM 12.—

Max Kommerell
Beiträge zu einem deutschen Calderon
Bd. I: Etwas über die Kunst Calderons
Bd. II: Deutsche Nachdichtung:
Das Leben ist Traum
Die Tochter der Luft
1946. 267/299 Seiten. 2 Bde. Kt DM 16.50

Werner Krauss
Gesammelte Aufsätze zur Literatur- und Sprachwissenschaft
1949. 469 Seiten. Hln DM 24.—

Werner Krauss
Graciáns Lebenslehre
1947. 201 Seiten. Kt DM 11.50

Vittorio Klostermann · Frankfurt am Main